中学校理科サポートBOOKS

生徒の素朴な疑問から始まる！

中学校理科のおもしろ授業

大久保秀樹 著

JN039349

明治図書

はじめに

～生徒の素朴な疑問に寄り添う理想の理科の授業を求めて～

　本書は，中学校の理科の先生方に授業の参考にお読みいただくのを前提にしています。私たち理科の教員は，子供のころから自然科学に興味があったはずです。自然科学の研究者を目指しておられた方もいらっしゃると思います。しかし，教員をしている以上は，生徒との関わりを大切にしているはずです。私たちは，「理科ぎらいをなくそう」とか「基礎基本の定着」ということについ気をとられがちですが，もっと大切なことがあると思います。それは，自然科学に興味がある生徒との関わりです。放課後，理科室の片づけをしていると何人かの生徒がやってきていろいろ聞いてきます。「じゃあやってみるか」といってちょっとした実験をすることもあります。こういう時間はとても楽しいひとときです。私は，このような関わりが理科の授業の理想ではないかと思っています。

　これまで，理科の授業について様々な提案がなされてきました。本書で述べていることは，現状の中学校で実施するのは簡単ではないかもしれません。しかし，私たちもそうだったし，自然科学に興味があり素朴な疑問を先生としゃべりたいと思う生徒たちがいるはずです。ですから，生徒の素朴な疑問から始まる理科の授業があってもよいと思います。そもそも，自然科学が成立したのは，人々の自然への素朴な疑問と夢の実現の欲求ではないでしょうか。理科の授業の参考にお読みいただくと冒頭に述べましたが，まずは，生徒との楽しいおしゃべりを想定しながらお読みいただきたいです。

2023年 8 月

大久保　秀樹

もくじ

第1章
生徒の視点で
授業づくりを見直そう

第2章
生徒の素朴な疑問から始まる授業

中学1年

中学2年

中学3年

第1章

生徒の視点で授業づくりを見直そう

理科教育の歴史

これまで，理想の理科の授業を目指してどのような取り組みがなされてきたのか歴史を振り返ってみます。

戦前の理科教育

現在の中学校は，昭和22年4月から始まった「新制中学校」です。それ以前は，義務教育は，小学校6年まででした。「旧制中学校」と言われる学校は男子校で，非常に学力が高く，経済的にも余裕がある生徒のみが入学できる学校でした。各地域の伝統校と言われる公立高校は，この旧制中学校が前身になっています。旧制中学校を卒業すると旧制高等学校に進学することができます。旧制高等学校は，現在の国立大学の1・2年に相当します。各都道府県に1校程度あり，各地域の国立大学の前身でもあります。例えば，埼玉大学の前身の1つは，旧制浦和高等学校です。

旧制中学校に相当する女子校は，高等女学校です。伊波園子著「ひめゆりの沖縄戦」の中では，昭和18年に著者は，名護市にあった沖縄県立第三高等女学校から，那覇市にあった師範学校女子部本科1年に入学したとの記述があります。高等女学校も，非常に学力が高く，経済的にも余裕がある生徒のみが入学できる学校でした。昭和10年ごろの都市部では，これらの学校の入学試験に合格するための塾がさかんで，激しい受験競争がありました。ただし，これらの学校への進学率は，旧制中学校，高等女学校あわせても昭和15年で25%でした。

これらの学校では，いわゆる一部の選抜された生徒を対象にしていましたが，非常に優れた授業が行われていました。当時のことですから，規律が重

んじられていましたが，自由な校風で，生徒主体の活動が重視されていました。理科の授業においても当時の記録写真を見ると，顕微鏡が1人1台あり，少人数のグループで実験をしています。

　当時のこのような学校の理科教育は，大正7年に文部省から出された「師範学校中学校物理及化学生徒実験要目」に従っています。この要目が出たころから，指導者による演示実験より生徒による実験が一般化します。この時代に出された理科教育の指導書には，生徒が目的を理解した上で実験を行うようにすること，実験の結果を表やグラフに表すこと，考察を記述することなど，現在行われている実験の授業と同様の進め方が述べられています。また，海外からの「発見的教授法」や「子供の自己活動」などを取り入れた授業方法が紹介されるようになりました。観察実験を重視し，生徒が主体的に行う学習方法が推奨されていたのです。

　旧制中学校や高等女学校では，このような優れた理科教育が行われていましたが，戦争が激しくなるに従い軍需産業や食料増産のために生徒を動員（学徒動員）することになり授業時間そのものが削減されていきます。特に昭和20年3月には，「決戦教育措置要綱」が閣議決定され，4月から1年間の授業停止による学徒勤労総動員の体制がとられました。

　しかし，その一方で昭和19年9月に帝国議会における建議に基づいて，特別科学組が設置されました。これは，国民学校（小学校）や旧制中学校に特別科学組を設置して，科学技術研究を担う人材を早期に育成するものです。東京・広島・金沢・京都の師範学校附属（現在の国立大学教育学部の附属小・中学校）や各地区の第一中学校のようないわゆるトップ校の中に新学級が編成されました。この学級は敗戦後の昭和23年3月まで存続し，打ち切りとなりました。特別科学組の生徒は，学徒動員からは免除され授業を受け続けられていました。特別科学組の授業では，観察実験が重視されていたことはもちろんですが，生徒による自由研究や研究発表がさかんに行われていました。例えば，金沢では，昭和20年6月18日付「北國新聞」で，6月17日（日）に第1回となる「特別科学学級保護者会」が開かれ，自由研究の授業

を公開したことが報道されています。このときの中学1年の自由研究のテーマは以下のようでした。

模型飛行機製作，自動車製作，電気機関車製作，木材乾溜実験，空中ケーブルカー模型製作，特殊装置附模型飛行機，電気砲製作，水雷艇製作，自動点滅器製作，蒸気タービン製作，雲母製飛行機製作，鉱石セット製作

　戦争の時代をうかがわせるような研究もありますが，物資のない時代にこのようなことが行われていたのは驚きです。生徒主体の授業は戦時下においても有効とされ，ほんの一部であれ，継続・発展していたのです。

昭和22年からの戦後教育

　日本は，アメリカを主とする占領下になりました。昭和22年3月に同軍のCIE（民間情報教育局）の指導により，course of study を手本とした学習指導要領・一般編（試案）が作成，配布されました。これは，「教師の研究のための手引」のための「試案」とし，画一主義・詰め込み主義を否定し，児童中心主義や自主的経験主義に基づく learning by doing を重視することが指示されました。同年4月から始まった義務教育の「新制中学校」では，この指導要領に基づいて授業を行うことになります。この「新制中学校」の学習指導要領に対応する教科書として，理科では，「私たちの科学」が昭和22年3月から23年2月までの間に発行されました。これらの教科書は，1冊1単元で，各学年6単元ずつを設け，計18冊の構成でした。各単元には，「空気はどんなはたらきをするか」（中1），「何をどれだけ食べたらよいか」（中1），「海をどのように利用しているか」（中2），「電気はどのように役にたつか」（中3），「生活はどう改めたらよいか」（中3）のような単元名がついていました。これらは，児童中心主義や自主的経験主義の学習指導要領に基

づく，問題解決学習，生活単元学習を踏まえたものです。昭和22年という戦後の混乱期に校舎も整わない，できたばかりの「新制中学校」でこのような学習をする授業を展開した苦労は大変なものであったと思いますが，昭和25年ごろには，この生活理科が全国的に普及し，昭和26年の学習指導要領改訂でも，この生活理科の趣旨をより普及させようとされていました。

　しかしながら，生活単元学習では，多種多様な教材が学習活動の中に持ち込まれるので学習が表面的になり，知識が断片的になり，活動はするが知的体系まで高まらないという批判がなされるようになりました。

系統学習　昭和33年版中学校学習指導要領

　生活単元学習や問題解決学習に対する批判が高まり，高度経済成長の担い手になる産業，科学の振興に役立つ人材の育成が要望されるようになりました。生徒が共通に必要な最少量の知識を系統的に得られるよう志向されたのが，昭和33年度版中学校学習指導要領です。同要領は，アメリカの手から離れて日本独自で作成され，「試案」ではなく，「基準」になり，教師の「手引書」ではなく，拘束力をもつ存在になりました。

　このときから，中学校の理科の内容を第1分野（物理・化学），第2分野（生物・地学）に分けるようになりました。教科書は，第1分野，第2分野の各学年の内容が1冊に入り，3年間で3冊になりました。知識尊重になり，理科知識の注入教育がさかんになり「知識偏重」という声が高くなったのもこの時期からです。

探究の科学の志向　昭和44年版中学校学習指導要領

　その後，日本の科学技術，文化，産業は，飛躍的に発展しました。また，世界的にも科学や技術に関する研究や開発の成果が次々と発表されました。そして，研究の成果を記憶するのみならず，成果に至るまでの過程を身に付

けることが要求されるようになりました。また，アメリカから始まった教育改革の運動は，理科教育の現代化として日本にも影響を与えました。昭和44年版中学校学習指導要領は，こうした背景の基で作成されました。

　このときから教科書は，中学校3年間を通して，第1分野上巻・下巻，第2分野上巻・下巻の計4冊になりました。いずれも，研究の成果を得るまでの過程を身に付けるために，探究の過程が取り入れられ，科学の方法が習得できるように編集されていました。また，このころの理科教育では，さかんに「探究の科学」や「探究の理科」という言葉が使われました。しかし，時間数からすると内容が多くなったこともあり，理科に興味をもたなくなる生徒が多くなったのはこのころからだとされています。

人間性を重視　昭和52年版中学校学習指導要領

　高度経済成長の反面，学校教育に好ましくない影響も出てきました。いわゆる，学歴偏重，受験重視で，理科の授業でも探究学習や実験を軽視するようにもなりました。このような中で，生徒一人ひとりにそれぞれの能力に応じた教育がなされなければならないという教育風潮が高まりました。人間尊重，人間性重視の教育です。昭和52年版中学校学習指導要領は，このような背景の基，次のようなことが基本方針として述べられています。

①人間性豊かな児童・生徒を育てること。
②ゆとりあるしかも充実した学校生活が送れるようすること。
③国民として共通に必要とされる基礎的・基本的な内容を重視するとともに，児童・生徒の個性や能力に応じた教育が行われるようにすること。
④学習指導要領で定めた目標，内容は中核事項にとどめ，教師の自発的な創意工夫を加えた学習指導が十分にできるようにすること。

ゆとりということで，教育内容が精選されました。しかし，週の時間数も削減されました。そのため，ゆとりとはいえ，1時間の中で扱う内容が減ったわけではありません。基礎的・基本的という言葉から，自然科学の知識を教えればよいということにもなり，画一的な一斉指導と教師中心の知識伝達主義の理科の授業が続けられることが改められることはありませんでした。

個性を重視　平成元年版学習指導要領

教師中心の知識伝達型の教育は，児童・生徒の意欲や自主性を奪い，知識が生きて働く能力にならず，問題解決能力の乏しさが指摘されるようになりました。一方で，個人の価値観が多様化し，個性尊重の考え方が強まりました。また，日本も国際的に重要な役割を果たすようになり，国際化に対する在り方も問われるようになりました。そうした背景の中で，昭和62年12月「幼稚園，小学校，中学校及び高等学校の教育課程の基準の改善について」という次のような答申を教育課程審議会が示しました。

①豊かな心をもち，たくましく生きる人間の育成を図る。
②自ら学ぶ意欲と社会の変化に主体的に対応できる能力の育成を重視する。
③国民として必要とされる基礎的・基本的な内容を重視し個性を生かす教育の充実を図る。
④国際理解を深め，我が国の文化と伝統を尊重する態度の育成を重視する。

このような答申を受けて改訂されたのが，平成元年版学習指導要領であって，中学校理科の改訂の重点は次の通りでした。

①観察・実験の直接体験のいっそうの重視。

②問題解決能力の重視。

③自然に対する科学的な見方や考え方を養うことの重視。

　この他に，コンピューターの活用や，中学３年での授業時数の弾力的運用と必修理科の他に選択理科が取り入れられました。選択理科は，自然科学に興味がある生徒が主体的に活動できる時間として期待されたものの，学校選択という形で，全ての生徒が理科を選択した形にして，削減された必修理科の時間を補うようにしたり，選択理科のための別内容を用意することが困難であったりして，必ずしも，理科教育の向上にはつながりませんでした。そして，その後，中学校から選択教科というものは設定されないようになっていきました。

その後の理科教育

　その後も今日まで，様々な社会的背景を受けて，学習指導要領が改訂されました。学習指導要領のみならず，トピック的にいろいろな言葉が使われ，先進的と言われる理科の授業の中に取り入れようとされました。ランダムな挙げ方になりますが次のようなものです。

・見通しをもって　・確かな学力　　・生きる力　　・調べ学習

・情報活用能力　　・アクティブラーニング　　・対話的で深い学び

　このような言葉は，現れては消えていくような印象があります。そして，いつでも，「画一的な指導の実態を改善するために観察・実験を多く取り入れ，生徒の自主的活動を充実させる」というようなことが言われています。観察・実験を多く取り入れ，生徒の自主的な活動を充実させる理科の授業は，

もう100年以上も前から推奨されてきたことです。そして，ごく一部の選抜された生徒を対象にしていたとは言え，戦時下でも行われていたのです。

　ところが，中学校が義務教育になり，全ての生徒を対象にするようになってから，画一的な指導が一般化しました。観察・実験を多く取り入れ，生徒の自主的活動を充実させた理科の授業を常に行うことは，困難なことです。中学校理科の内容は，かつては，旧制中学校や高等女学校で扱われていました。選抜された生徒にとっては，自主的に進められる内容であっても，全ての生徒を対象にするとなると同じようにはいきません。中学校が義務教育になって76年も経ちますが，同じようなことが課題になっていることの根本は，選抜された一部の生徒を対象にしていたことを全部の生徒を対象にするという新制中学校の宿命的な課題にあると思います。

　そもそも，選抜された生徒たちは，高い意欲をもって入学してきますので，その学校で示される課題に対しても，高い意欲をもって取り組みます。指導者側は，課題を提示して，学習に必要な環境を整備すれば，後は生徒が自分たちで進めていけるのです。ある国立大学の附属高等学校では，様々な実験セットが大きな箱に入れて並べてありました。生徒たちは，夏休みの理科室開放日にやってきて，やってみたい実験を，手引書を見ながら自分たちでやってレポートを提出するそうです。また，授業中に参考になる書物を紹介すると実際にその本を読んで，わかったことやわからないことをまとめたレポートを提出する生徒もいるそうです。もちろん宿題ではありません。しかしながら，学習意欲が様々な生徒がいる一般的な公立学校ではそうはいきません。なんとか席に座らせ，落ち着かせるところから始めます。そういう実態からどのようにして，理想的な理科の授業に近づけていったらよいのでしょうか。そもそも学習そのものに意欲的ではない生徒が多いわけですから，「理科の授業です。今日はこの内容をやります」というのでは，意欲的になりません。そこで，学習内容とは別のアプローチで授業を始められないかと考えたのが次の章で述べる「生徒の素朴な疑問から始まる授業」です。

参考文献：東京創造理科同人（TSC）「30年のあゆみ」1994年

生徒の素朴な疑問を引き出すには

　私たちは，生徒から「なぜ勉強しないといけないのですか」と聞かれることがあります。「生活のため」「職業につくため」「入試科目だから」いろいろな答えがあります。しかしながら，理科の学習内容の中で，普段の日常生活を送るのに必要な知識はわずかで，ほとんどは知らなくても生活できます。あるいは，科学の世界の基本的なことを理科の授業で体験した上で，自分の適性を見つけるためという考え方もあります。「理科の授業でいろいろやったけれど結局興味をもつようなことはなく自分は，理科系には向いてないという判断ができた」という人もいます。でも，なにか寂しい気がします。

　そもそも，人はなぜ勉強をするのか。なぜ学ぼうとするのか。私は，人の素朴な疑問が学問の始まりだと思っています。なぜお腹がすくのか，空を飛んでみたいなどの思いをうたった歌もあるように，知りたいとか，できたらいいのにとかのような欲望からくるものと考えています。ですから，「勉強などする必要がない！」という生徒がいたら，これは，とても無欲な人ということになります。

　しかし，現実には，理科の学習に意欲的に取り組めない生徒がいて，どうするかということがいつも課題になっています。考えてみれば，理科教育の歴史のところで述べたように，一部の選抜された生徒を対象にやってきたことを中学校の義務教育化とともに全員が行うことになったわけです。ですから，多くの生徒が関心をもって取り組めるようにする工夫が必要です。私は，昭和22年から始まった義務化された中学校での生活単元学習は，そのための工夫にもなっていたのではないかと考えます。生活単元学習は，その後の系統学習や現代化，そして探究学習などへの変化で，今日ではその言葉を聞くことすら少なくなりましたが，教科書のつくりを見ると，どの教科書でも，

単元や章の始めに身近なことを取り上げ，そこからの疑問を課題にしていくストーリーになっています。ですから，生徒の疑問から学習を始めるようになっていることは確かです。ただし，実際の授業で，その部分が丁寧に行われていたかというとなかなか難しかったと思います。

　そこで，本書では，生徒の素朴な疑問を大切にして，そこから授業を展開することを理想として第2章の事例を掲載しています。素朴な疑問は，生徒の方から出ています。ですから，自ら課題を見つけてきているのです。これは，かなり高度な取り組みとも言えます。生徒が自分の身の回りのことから疑問を呈することを素朴な疑問とすると，基本的なことのように考えられますが，実はとても高度な取り組みとも言えます。まずは，この章では，素朴な疑問を生活体験からくるもの，理科の学習からくるもの，社会との関わりからくるものの3つに分けてそれぞれについて説明します。

生活体験からくる素朴な疑問を引き出すには

　生活体験からくる素朴な疑問は，最も基本的な疑問です。幼い子供も様々なことを疑問に感じ質問します。「どうして暗くなるの？」「どうして白いお砂に水をかけると黒くなるの？」そういう疑問にまわりの大人はどのように答えてきたでしょうか。

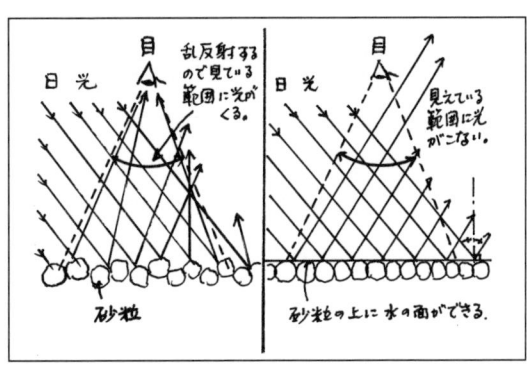

　「どうして暗くなるの？」は，太陽と地球の位置関係について説明しなければなりません。「どうして白いお砂に水をかけると黒くなるの？」これは，難しいです。丸みのある砂粒が並んでいたことにより，光が乱反射してあらゆる方向に進み，明るく見えていたのが白いお砂です。砂粒と砂粒の間に水

が入り，平面になったことで，光が反射する方向が限られ，黒く見えたのです。しかし，このようなことを幼い子供に丁寧に説明することは困難です。また，話が長くなるので，子供の方が飽きてしまい，途中であきらめて，どうでもよいと思われてしまいます。こういうことの繰り返しによって，成長するに従い素朴な疑問を感じなくなってしまうのだと思います。

　そこで，中学生になっても素朴な疑問を感じられるようにするには，幼いときのことを思い出してもらうのがよいと思います。そして，丁寧に答えてもらえるという信頼を得ることが大切です。生徒間では，互いの発言を大切にするという雰囲気が大切です。ですから，この生徒の素朴な疑問に寄り添う理科の授業の実践のためには，授業者と生徒，生徒間の良好な関係が必要です。このような雰囲気ができれば，生徒は，日常生活の中で様々な素朴な疑問を探して授業で発言するようになると思います。そのために，理科の授業内容からは離れてしまうかもしれませんが，新学期の始めの授業で，授業者も生徒も自己紹介をあたたかい雰囲気の中で丁寧にするようなことから始めてはどうでしょうか。

理科の学習からくる素朴な疑問を引き出すには

　理科の授業が終わった後，生徒が質問にくることがあります。「どうしてpH が 7 だと中性で数字が小さくなるほど酸性が強くなり，7 を超えるとアルカリ性なのですか？」これは，第 2 章に載せた例です。学習指導要領には，「pH についても触れること」と記載されています。「触れること」のレベルとして，教科書の記載では，「酸性・アルカリ性を示すものとして pH もあります」程度の扱いになります。もっとも教科書によっては発展扱いで詳しく記載しているものもあります。このような，教科書には軽く記載されていて詳しくは扱わないという例はいくつかあると思います。理科に興味がある生徒にとっては，その先を知りたくなるものです。こういうものを理科の学習からくる素朴な疑問としました。

生徒から質問されてすぐに黒板の隅に，pHであれば，溶解度積の式をすらすら書くと「先生すごい！」と尊敬されたりします。「放課後に理科室においで」と言って待っているのもよいでしょう。何人かの理科好きの友達と共にやってきます。私たちは，次々と起こる課題に追われこのような余裕のある対応をすることは難しいことですが，わずか10分でもとても大切な時間になります。

よく言われることとして，小学校までは自然科学に興味があったのに中学生になったらそうでもなくなったということを聞きます。

夏休みの科学館は，保護者に連れてこられているのかもしれませんが小学生でにぎわっています。意外に高校生もいて，いまどきの高校生！　といった雰囲気の生徒が1人で熱心にメモを取りながら展示物を見学している様子を結構見ます。高校生になってやっぱり自然科学に興味がある自分を再発見し，理科系に進む決意をするのではないかと思います。

本書で述べる生徒の素朴な疑問に寄り添い，生徒からの発言で授業を進めることは実際にはなかなかできません。しかし，教科書で軽く扱う内容こそ，その先にある自然科学の世界の入口です。興味をもった生徒への対応はもちろんですが，授業中での扱いの中でも，一言でも高校や大学で学ぶことにつながることを伝えてほしいです。

社会との関わりからくる素朴な疑問を引き出すには

「なぜ勉強しないといけないのか」という問いの答えとして，人には，知りたいとか，できたらいいな，といった欲望があると前に述べました。これとは全く別の観点でこの問いに答えているものがあります。昭和22年5月3日に日本国憲法が施行されました。これを受けて，新制中学校1年生用に憲法を解説するために文部省によりつくられたのが「あたらしい憲法のはなし」です。この中に次のような記述があります。

いまのうちに，よく勉強して，國を治めることや，憲法のことなどを，よく知っておいてください。もうすぐみなさんも，おにいさんやおねえさんといっしょに，國のことを，じぶんできめてゆくことができるのです。みなさんの考えとはたらきで國が治まってゆくのです。みんながなかよく，じぶんで，じぶんの國のことをやってゆくくらい，たのしいことはありません。これが民主主義というものです。

「よく勉強して」「みなさんの考えとはたらきで國が治まってゆくのです」これは，代表を決める選挙のときに候補者の政策をよく聞いて理解した上で投票することを言っていると思います。

福島の原子力発電所は，東日本大震災で被害を受け，大きな事故を起こしました。その影響で多くの人々の生活が変わってしまいました。同発電所の完全な廃炉までの道筋はとても果てしないものです。その一方で，原子力発電所の再稼働や寿命を延ばすことで，エネルギーの供給源としてこれからも使っていこうという政策が出てきました。その政策について有権者は判断した上で投票しなければなりません。「原子力発電は安全なの？」を素朴な疑問の例として第2章に掲載しました。その素朴な疑問を基にした授業では生徒が自分で調べていく形にしてありますが，この政策について判断するためには，原子力発電の仕組みについて理解しておかなければなりません。

また，このごろ，少子化対策の政策がでてきています。これは，日本の人口を増やそうという政策です。第2章には，「人類はどうして増え続けられるのかな？」という素朴な疑問の例を掲載していますが，人口が増えるのに従い住む場所や食べるものはどうするのでしょうか。人類も自然界の生物間のつながりの中で生きています。多くの人が食料を分かち合うためにはどんな食生活がよいのでしょうか。まだ地球には，人口が増えても食料は分かち合える余地や術はあるのでしょうか。そういうことも考えた上で判断しなければなりません。

第２章には掲載していませんが，東日本大震災では，大津波が発生し，原子力発電所のみならず，福島県や宮城県，岩手県の海岸沿いの地域が壊滅的な被害を受けたことは言うまでもありません。地震のゆれには耐えた建物が，次々と流されていく光景は本当に恐ろしいものでした。「津波に備えるにはどれだけの堤防がいるの？」という素朴な疑問もあり得ます。岩手県普代村では，住宅地は高さ15.5mの巨大な普代水門や太田名部防潮堤に守られ津波の被害に遭いませんでした。これは，この村が1896年の明治三陸地震と1933年の昭和三陸地震で多くの犠牲者を出す被害を受けたことから，村長和村幸得氏が村を守るためには，過去の津波の例から堤防は，15mを超える高さが必要と訴え，「（費用が）高すぎる」「他にお金の使い道があるのでは」等の反対も受けながらも強行に政策として掲げ完成したものです。普代村の住民たちは，結局はこの政策に賛成し，土地を提供するなど協力したことで東日本大震災での津波の被害に遭わずに済んだことになります。ただし，このような巨大な施設をこの村が今後長年に渡り維持管理できるかは大きな課題です。

　学習指導要領は定期的に改訂されています。解説編もそれに対応していきます。しかし，何度かの改訂があっても解説編には，「賢明な意思決定」という記述が入っています。私たちの国や地域のみならず世界中が仲良く安定した状態であるためには，一人ひとりが賢明な意思決定をすることが必要です。ここでいう社会との関わりからくる素朴な疑問は，そのための第一歩になると考えています。

生徒の素朴な疑問に寄り添う学習計画づくり

単元の学習計画とは ～電流単元を例に～

　理科の学年ごとの学習内容は，学習指導要領に示されていて，例えば「電流」は第2学年で行うことになっています。これは決められていることです。しかし，単元内の様々な内容の学習順について縛りはありません。表は，令和3年度版教科書の各社の電流単元の学習順です。単元名や章のタイトルも各社で工夫しています。これは，各社の執筆者の方々が電流単元を学ぶにあたり，適切と考えるストーリーを作ったことによります。また，授業者も，単元の各内容の学習順を工夫して学習計画を立てることができます。

出版社 (教科書番号順)	単元名	第1章 タイトル	第2章 タイトル	第3章 タイトル
東京書籍	電気の世界	静電気と電流	電流の性質	電流と磁界
大日本図書	電流とその利用	電流と回路	電流と磁界	電流の正体
学校図書	電流とそのはたらき	電流と電圧	電流と磁界	電流の正体
教育出版	電気の世界	電流と電圧	電流と磁界	静電気と電流
啓林館	電流とその利用	電流の性質	電流の正体	電流と磁界

　本書では第2章からは，生徒が出した素朴な疑問を中心に学習を進める例を掲載していますが，学習計画を生徒の素朴な疑問に寄り添う形で立てていったらどうなるのか想定してみました。

生徒との対話で学習計画を考える

[中学2年・物理領域「電流」での例]

教師：2年生の物理領域では、「電流」について勉強します。

生徒：「物理」ですか。いよいよ電流ですね。小学校のとき、豆電球や乾電池でいろいろやりました。

生徒：小学校の理科っていろいろ作ったよね。何を作ったっけ？

生徒：そうそう、車みたいなものを作って競争したのが楽しかった。一生懸命うちわで風を送って走らせたよね。

生徒：そういうのもあったね。車と言えばソーラーカーもやったよね。

生徒：屋上の日が当たる場所ではよく走ったね。でも、せっかく作っても作ったものを使って実験することはあまりなかった気がする。

生徒：中学校でも何か作ったら楽しいのにね。自分で作ったもので実験する。マイ実験セット！

生徒：先生、電気の勉強でモーターはやりますか？

教師：やりますよ。

生徒：でも、モーターを作ってもまた、乾電池で電流を流して回って終わりでは小学校と同じになってしまう…。

教師：実は、モーターと発電機は同じ作りで、モーターを作れば発電機になって、それを乾電池の代わりにして実験できますよ。皆さんでも作れるキットがありますよ。

生徒：それはすごい！

教師：それでは、まず、皆さんで1人ずつ発電機を作ることにしましょう。もちろん発電機の仕組みを勉強するのですよ。

生徒：その発電機ってどれだけの電流を作れるのですか。

教師：いい質問ですね。それを調べるのが，その後の実験です。自分た
　　　ちで作ったもので実験したいんですよね。どれだけの電流ができ
　　　るのかちゃんと測定しましょう。
生徒：さすが中学校ですね。なんだかわくわくしてきました。

発電機づくりから始める学習計画

　先生は，はじめから発電
機づくりから始める学習計
画を想定していたようで，
生徒たちはうまくのせられ
た形です。この対話に出て
くる発電機のキットは，株
式会社大和科学教材研究所
の「楽しみながら作る発電
機」です。最大5V，1A
の発電能力です。

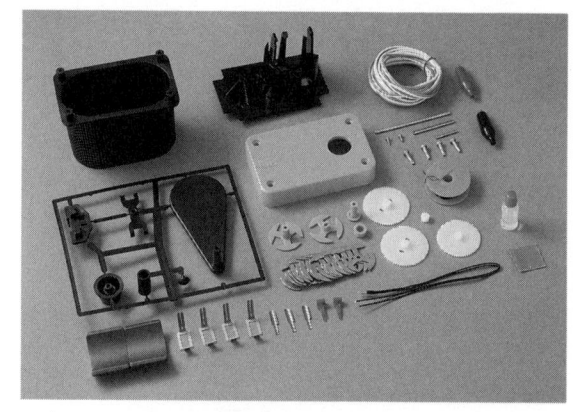

楽しみながら作る発電機 (出典：株式会社大和科学教材研究所)

　小学校の科学クラブで使うことを想定している商品です。学校納入品とし
て購入することができ，また，科学館や模型店等でも一般販売されています。
キットは写真のような内容で，エナメル線を鉄（金属板を重ねる）に巻き付
け，回転子を作り，半円状の磁石2つの間に，整流子とともに取り付け，歯
車を組み合わせたハンドルを回して発電できるようになっています。ワニ口
クリップのついた導線がついていますので，発電した電流を利用することが
できますし，電流を流せばモーターとして回転します。私は，このキットを
利用した授業を行ったときには，ケースに穴をあけて豆電球を差し込み，授
業後も手回し発電機式懐中電灯として利用できるようにしました。

この発電機づくりを取り入れた学習計画は次の表のようになります。「電流と磁界」では，キットに入っているエナメル線を組み立てる前にコイルにして利用します。

「電流回路」の内容は，発電機を電源として利用します。さすがに電流の発熱では，発電力が小さいので電源装置を利用しますが，「電圧，電流，抵抗の関係」までは，この発電機の電源で行えます。

項目	内容
電流と磁界 　発電機の材料を利用したり組み立てをしたりしながら行う。	・コイルのまわりの磁界 ・モーターの仕組み ・電磁誘導 ・直流と交流 ・発電機の仕組み
電流回路 　発電機を利用して行う。	・回路のつなぎ方 ・回路による電流や電圧 ・電圧，電流，抵抗の関係 ・電流による発熱
電流の正体	・静電気 ・放電

私は，この発電機のキットを利用した電流単元の授業を「ものづくりを通して学ぶ理科の実践研究～電磁気教材を中心として～」という研究として行いました。このときには，2つの学校で同キットを利用した授業を行い，同キットを利用しない一般的な授業を行っている学校と，生徒の学習内容の理解度や理科の学習についての考えを比較しました。

まず，キットをつくる時間が必要になりますが，一般的な学習でもクリップモーターづくりをする1時間があると考えると1時間増でつくる時間は2時間見ておけば大丈夫です。また，マイ発電機を電源にするので，その後の「電流回路」の実験は電源装置を使うのが省かれるためか円滑に進みます。授業後の学習内容の定着では，基礎的内容では差は認められなかったものの，発展的な内容では効果がありました。また，電流の学習については，「難しかった」けれど「楽しかった」という回答が多く，生徒が飽きずに積極的に取り組んだことがわかりました。このようなことを生徒の素朴な疑問から計画した授業という形にすればさらに効果的になると思います。

望ましい1クラスの人数と学習班づくり

望ましい生徒の人数

　「図表でみる教育 OECD インディケータ（2018年度版）」によると，前期中等教育の1学級の人数は，加盟国の平均は23人，日本の平均は32人です。日本の中学校は，40人を上限とする制度ですから，1学年の人数が80人の場合は，ちょうど40人ずつになりますが，81人では，27人ずつの3クラスになるわけですから，平均が32人になるのだと思います。また，中1ギャップ対策として1年生のクラスは35人を上限とするという制度もあります。このようなことから日本でも1クラスの人数を少なくするようになってきています。また，習熟度別少人数指導という制度を学校が導入すれば，2クラスを3段階の習熟度に分けて指導することができるので，1クラスの人数を20人台にして指導できます。

　この習熟度別少人数指導は，数学と英語でよく行われていますが，理科でも実施している学校があります。

　一般的な理科室の教室配置は，図の通りです。4人1組の実験台が12台あり，2台で1組になっているのが，前方3組，後方3組です。前の実験台を演示用にしたり，生徒が取りに来る実験器具を置くために空けておいたりすることもありますが，前からつめて着席すると前方の3組の実験台までで24人です。

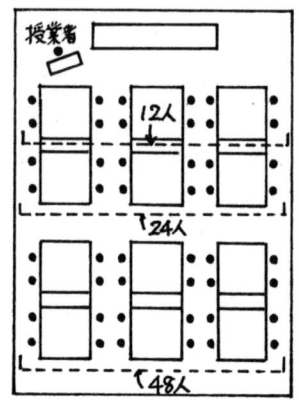

生徒とのやりとりを近い距離で行うためには，この人数が限界です。これをさらに半分にして12人にすれば，生徒との対話もしやすい理想的な人数になります。また，4人1組で3グループありますから，実験結果を比較することもできます。OECD加盟国の平均が23人と述べましたが，24人以下です。また，国によっては，理科の授業は半分にして行うという制度があるそうです。そうすると12人という理想的な人数になります。1学級の適正な人数が議論されることがありますが，上限が24人，理想が12人です。

学習班づくり

　習熟度別少人数制度を導入すれば理想に近い人数で授業を行えますが，実験の授業を習熟度別に行うことは不適切です。実験は，習熟度の異なる生徒がともに助け合い行うべきです。上位の生徒のみで行うと円滑には進みますが，つまずきやすいポイントにも気づかず試行錯誤する機会が少なくなります。理科が得意でない生徒にアドバイスしながら実験を行うことが上位の生徒にとってもよい学習になります。そこで，図のような学習班づくりを提案します。生徒を上位から4等分してABCDのグループにします。Aのグループは，評定で言えば5と4の生徒になるでしょう。このABCDの生徒が図のように着席するようにします。ポイントは，Aの隣がDであり，AとBは対角線上です。実験はAとBの生徒を中心に進むことになりますが，対角線上なので，実験台を斜めに横断するように手を出すことになります。CやDの生徒は，隣にいるわけですから，「ここ持っててよ」などと言われ手を出しやすくなります。このような席配置が最も効果的と考えます。このようなすぐにできることから理想の理科の授業に近づけていきたいものです。

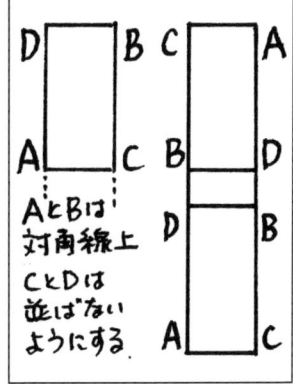

第2章

生徒の素朴な疑問から始まる授業

素朴な疑問別　授業の実践例

第2章で紹介する実践例を素朴な疑問の種類に分けて紹介しています

生活体験からくる素朴な疑問　16

学年	領域	タイトル	内容	頁
1	化学	炭酸飲料を冷やして飲むのはなぜ？	物質のすがた	34-37
1	物理	ダイヤモンドは透明なのにどうしてあんなに光輝くの？	光と音	38-41
1	物理	ヒトは浮くの？　沈むの？	力と圧力	42-45
1	物理	大きなかぶが抜けるときみんなが吹っ飛ぶのはなぜ？	力と圧力	46-49
2	生物	鳥はどうして高い空を長時間飛べるの？	動物の体のつくりと働き	58-61
2	地学	冬は乾燥しているはずなのになぜ窓ガラスや壁に水滴がつくの？	気象観測	78-81
2	地学	飛行機が着陸する向きはどう決まるの？	日本の気象	86-89
2	地学	どういうときに雪になるの？	日本の気象	90-93
3	生物	いろいろな形の葉があるのはなぜ？	生物と環境	98-101
3	化学	イオン飲料って何？	水溶液とイオン	106-109
3	化学	胃の検査で飲むバリウムって何？	酸・アルカリとイオン	114-117
3	物理	ケーブルカーはどうして2台あって真ん中ですれ違うの？	力学的エネルギー	118-121
3	物理	飛行機の後ろの翼って何のためにあるの？	科学技術の発展	130-133
3	地学	自分の星座はいつ見ることができるの？	天体の動きと地球の自転・公転	134-137
3	地学	月の満ち欠けの周期とカレンダーは関係あるの？	太陽系と恒星	138-141
3	地学	どうして潮の満ち引きが起きるの？	太陽系と恒星	146-150

理科の学習からくる素朴な疑問　9

学年	領域	タイトル	内容	頁
2	生物	植物も呼吸をしているの？	生物と細胞	54-57
2	化学	実験の薬品の量はどうやって決めているの？	化学変化	62-65
2	化学	物質が結びつくとき何が起きているの？	化学変化	66-69
2	物理	電流と電圧って何が違うの？	電流	70-73
2	物理	送電線に使われる金属は？	電流	74-77
2	地学	100℃でなくても水が蒸発するのはなぜ？	気象観測	82-85
3	生物	赤と白の花からピンクの花はできないの？	遺伝の規則性と遺伝子	94-97
3	化学	pHってどうして中性が7なの？	酸・アルカリとイオン	110-113
3	地学	熱帯地方で夕日を見るなら何時？	太陽系と恒星	142-145

社会との関わりからくる素朴な疑問　4

学年	領域	タイトル	内容	頁
1	地学	火山灰が降るとどんな被害が出るの？	火山と地震	50-53
3	生物	人類はどうして増え続けられるのかな？	生物と環境	102-105
3	物理	みんなが自由に電気を使ったり止めたりしているけど大丈夫なの？	エネルギー	122-125
3	物理	原子力発電は安全なの？	科学技術の発展	126-129

炭酸飲料を冷やして飲むのはなぜ？

素朴な疑問の場面

教師：二酸化炭素は水に少しだけしか溶けない気体なので水上置換法で集めることができます。

生徒：でも，炭酸飲料には，二酸化炭素が溶けているのではないのですか。どうやって溶かしたのでしょうか。

教師：二酸化炭素は圧力が高いときにたくさん水に溶けることができます。ふたを開ける前の炭酸飲料には，泡は見えません。これは，圧力が高いので二酸化炭素が溶けている状態です。ふたを開けると泡が出るのは，圧力が下がり溶けきれなくなった二酸化炭素が見えているのです。

炭酸飲料のふたを開ける。

生徒：確かにそうですね。ふたを開けるとぱんぱんだったペットボトルが緩んだ感じもします。圧力が下がったのですね。炭酸飲料って冷やして飲みますよね。温めたらどうなるのかな。

教師：二酸化炭素が抜けて炭酸飲料ではなくなります。

生徒：では，温度と二酸化炭素が水に溶ける量はどんな関係になっているのだろう？

　炭酸飲料も温めて飲むことがあります。例えば，コーラを温めたホットコーラという飲み方があります。コーラのような炭酸飲料は，炭酸水が酸性によることと他の成分による酸味と糖分をあわせてさわやかな味にしています。コーラに含まれる糖分は，100mL あたり11g ぐらいです。一般的なスティックシュガーが３g ですから，200mL のコップ１杯分のコーラには，スティックシュガー約７本分の砂糖が入っていることになります。そこで，コーラを温めて炭酸水ではなく，濃い砂糖水として飲んで体を温めようとするのです。二酸化炭素は，温度が上がると，水に溶けにくくなる性質があります。

　表１は，１気圧のときに二酸化炭素が水１cm^{3}に溶ける容積を表しています。二酸化炭素が水に溶ける量を水と同体積ぐらいと説明しているものがありますが，これは，０℃のときが1.71cm^3，20℃のときが0.88cm^{3}ということに基づいています。80℃以上では，ほとんど溶けません。気体の水に対する溶解度は，温度が上がる分，減少します。これは，気体の分子の活動は，温度が上昇するほど激しくなることによります。

表1　1気圧のときに二酸化炭素が水1cm^{3}に溶ける容積

温度（℃）	0	20	40	60	80	100
溶解度（cm^3）	1.71	0.88	0.53	0.36	－	－

　小学校や中学校では，炭酸飲料用のペットボトルに水を半分程度入れ，二酸化炭素を吹き込む実験を行うことがあります。ふたをして振ると二酸化炭素が水に溶けた分，ペットボトルが縮みます。この水に石灰水を加えると白く濁ります。また，BTB 溶液を加えた水道水に二酸化炭素を吹き込んで黄色にし，そこにオオカナダモのような水草を入れ，光を当てると水草は光合成をして二酸化炭素を使うので，BTB 溶液の色が中性に戻ります。このように，二酸化炭素が水に溶けることは実験しますが，水の温度との関係はあまり扱っていません。そこで，生徒の生活体験からくる素朴な疑問に答えるために，二酸化炭素を実際に水に溶かして，二酸化炭素を溶かした水は何になっているのか，そして，温度を上げて，溶けていた二酸化炭素が出ていき，溶けなくなっていくことを次のような簡単な実験で確かめるとよいです。

生徒の素朴な疑問に寄り添った指導の流れ

(1) 二酸化炭素を水に溶かし，その二酸化炭素を追い出す実験を行う

［必要なもの］

・試験管　　　　　　　　　　　　・BTB 溶液

・ガラス管　　　　　　　　　　　・加熱器具（ガスバーナーなど）

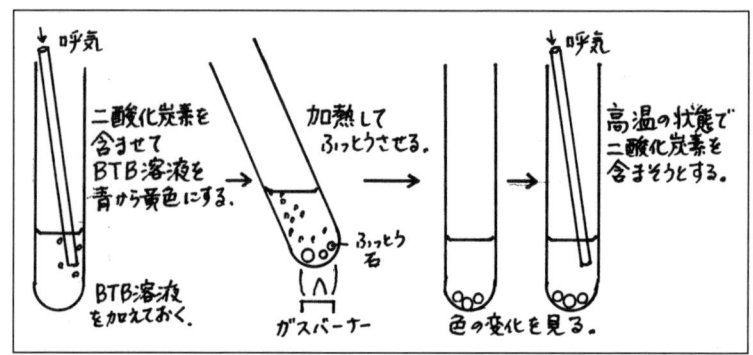

［手順］

① 試験管に３分の１ぐらい水を入れ，BTB 溶液を２滴程度入れる。この
　とき，BTB 溶液の色が緑またはうすい青になっていることを確認する。

② 試験管の中の水にガラス管を入れて呼気を吹き込んで，水に二酸化炭
　素を溶かす。BTB 溶液の色が黄色に変化して，二酸化炭素が溶けて，
　酸性の炭酸水になったことを確認する。

③ 二酸化炭素が溶けて炭酸水になった溶液に沸騰石を２，３粒程度入れ，
　加熱する。加熱していくと溶液から泡が上がり，BTB 溶液の色が二酸
　化炭素を吹き込む前の色になり，溶けていた二酸化炭素を追い出すこ
　とを確認する。

④ 加熱後のまだ温度が高い状態の溶液に，ガラス管を入れてこぼれない
　ように静かに呼気を吹き込んで，二酸化炭素を溶かそうとする。しか

し，BTB 溶液の色は変化せず，高温の状態では，二酸化炭素が溶けないことを確認する。

(2) 対話で生徒の素朴な疑問を解消する

BTB 溶液を使うことで，二酸化炭素が水に溶けると，酸性の炭酸水になることと，高温の状態では，炭酸水は二酸化炭素と水に分かれてしまうため，二酸化炭素がほとんど溶けないことが色でわかります。

> 教師：BTB 溶液の色の変化で，水の温度の変化による二酸化炭素の水への溶け方の違いがわかりました。
> 生徒：水の温度が高いほど二酸化炭素は水に溶けにくくなって溶けていた分は放出されてしまうのですね。
> 教師：その通りです。このことから，海水温が上昇すると，海水中に溶けていた二酸化炭素が大気中に放出されることもわかります。

地球温暖化の原因に二酸化炭素の増加がありますが，水の温度が上昇すると二酸化炭素が溶けにくくなることと関連づけることができます。

《関連する化学反応》

二酸化炭素 ＋ 水 → 炭酸
$$CO_2 + H_2O \rightarrow H_2CO_3$$

炭酸 → 二酸化炭素 ＋ 水
$$H_2CO_3 \rightarrow CO_2 + H_2O$$

炭酸 ＋ 水酸化カルシウム(石灰) → 炭酸カルシウム(白い沈澱) ＋ 水
$$H_2CO_3 + Ca(OH)_2 \rightarrow CaCO_3 + H_2O$$

ダイヤモンドは透明なのに
どうしてあんなに光輝くの？

素朴な疑問の場面

生徒：先生，姉が婚約して，ダイヤモンドの婚約指輪をもらったんです。
　　　見せてもらったけどキラキラ輝いてきれいでした。でも，ダイヤ
　　　って透明な物体ですよね。どうしてあんなに光輝くのですか。

教師：ダイヤモンドはガラスやプラスチック，水と同じように透明です。
　　　しかし，光を通したときの光の進み方に違いがあります。

生徒：光の進み方の違いとはどういうことですか。

教師：光にも進む速さがあります。これを光速と言います。真空中で約
　　　30万 km/s です。しかし，透明な物質の中を通過するときは速さ
　　　が遅くなります。この違いは，屈折率から求められます。例えば
　　　水の屈折率は1.33なので，30万
　　　km/s ÷1.33＝22.6万 km/s とな
　　　ります。このことから，2種類
　　　の物質間の境目を斜めに入射す
　　　ると，光は最短時間で通過でき
　　　るよう，図1のように光速が速
　　　い方の距離が長くなるよう屈折
　　　します。

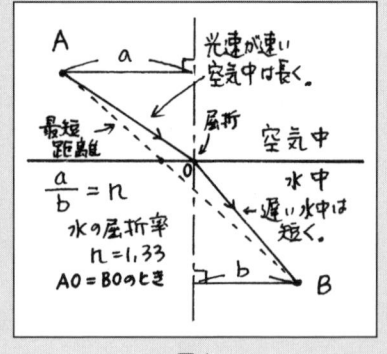

図1

生徒：屈折率を測定してみたいです。

中学1年の光の学習では空気側から入射するときは，入射角＞屈折角，透明な物体側から入射するときは入射角＜屈折角ということを扱います。また，透明な物体側から入射するときは，入射角が大きくなると，臨界面で光が全て反射する全反射を扱います。しかし，あくまでも定性的な扱いです。ここでは，実験結果から屈折率を求めます。そして，ダイヤモンドの屈折率から，ダイヤモンドが光輝くわけがわかるようにします。

生徒の素朴な疑問に寄り添った指導の流れ

(1) 屈折率を求める実験を行う

[必要なもの]

・半円形レンズ   ・方眼紙

  （半径3cmのアクリル製） ・三角定規

・光源（レーザーポイント等）

[手順]

① 方眼紙に直線を直角に交わるように書き，交点Oを中心にして半径3cmの円を書き，下半分に半円形レンズをおく。

② 図2のように，円周上の点P（a_1＝1.0cm），Q（a_2＝1.5cm），R（a_3＝2.0cm）から，交点Oが入射点になるように光をそれぞれ入れ，半円形レンズを通過して出てきた点をP'，Q'，R'とする。

③ 半円形レンズを取り除いて，方眼紙上に光の道筋POP'，QOQ'，ROR'を結んで書き，b_1，b_2，b_3の長さを測定する

④ a_1/b_1，a_2/b_2，a_3/b_3を行い，数値が一致することを確認する。この値をnとする。a/b＝nとなる。nは屈折率。

⑤ 図3のように，方眼紙の下半分の円周上に点S（β_1＝1.0cm），T（β_2＝1.5cm），U（β_3＝2.0cm）をとり，下半分に半円形レンズを置いたとき，半円形レンズを通過した光の道筋の上半分の円周上の点α_1，

α_2，α_3を$a/b = \alpha/\beta = $ nとして推定する。

⑥ 求めたα_1，α_2，α_3からS'，T'，U'を円周上に書き入れ，推定する光の道筋SOS'，TOT'，UOU'を図3のように書き込む。

⑦ 半円形レンズを円の下半分に置き，点S，T，Uから交点Oに向かって光を入射したとき，光が推定した道筋通りに進むか確認する。

⑧ 光の入射がUOよりも入射角が大きくなった場合，全反射することを確認する。

　上記の実験より，nを求めれば，透明な物体の中を通過する光の道筋や全反射する境目の角度がわかることを体験できる。

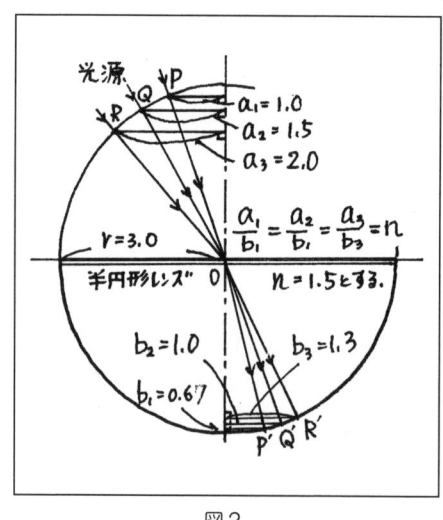

図2

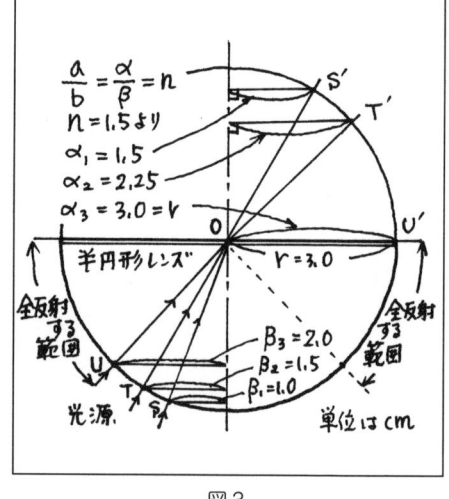

図3

(2) 対話で生徒の素朴な疑問を解消する

　実験用の半円形レンズの屈折率は，アクリル製なので約1.5です。この値が手順④でわかるので，このことから光の道筋が推定でき，半円形レンズ側から入射するときは，$\beta = 2.0$を超えると全反射します。このようにその物質の屈折率から，光の道筋や全反射する範囲を求めることができます。

生徒：屈折率から透明な物体を通過するときの光の道筋や全反射する範囲がわかるのですね。ダイヤモンドの屈折率はいくつですか。

教師：屈折率は物質によって決まっていて，ダイヤモンドは2.42です。

生徒：もし，半円形レンズがダイヤモンドなら，半径の3cm÷2.42＝1.24cm なので，$\beta=1.24$cm を超えたら全反射します。

教師：その通りです。図4は，半円形レンズをダイヤモンドにした場合です。ダイヤモンドが全反射する範囲が広いことがわかります。さらに，指輪などに載せるダイヤモンドは図5のようにブリリアントカットといって表面から入った光のほとんどを全反射します。

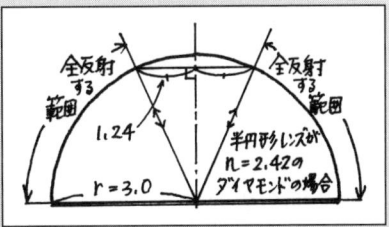

図4

生徒：なるほど，だからダイヤモンドは輝いて見えるんですね。

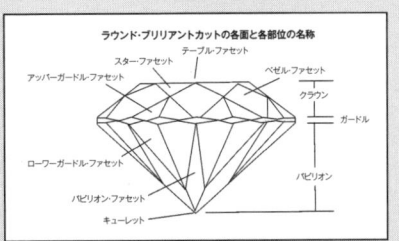

図5　ブリリアントカット
（出典：Eternity）

教師：その他，液体では，濃度が濃いほど屈折率が大きくなります。その性質を利用して，果汁やソースの味を光を当てることで調べるのが図6の糖度計です。

生徒：そういえば，いちご農家に行ったとき，先が斜めになっている筒状のものを覗いて何かを調べている人がいました。それが糖度計でしたか。屈折率の利用例は他にもいろいろありそう。

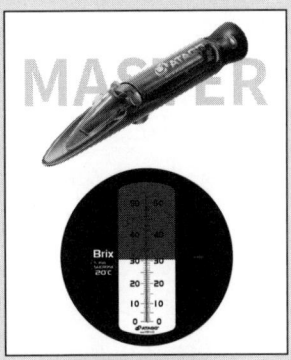

図6　糖度計
（MASTER-53α／出典：株式会社アタゴ）

ヒトは浮くの？　沈むの？

素朴な疑問の場面

生徒：海の中をイルカたちと自由に泳ぎまわる人たちの映像を見ました。
　　　私もイルカと一緒に泳ぎたいです。

教師：その人たちは，タンクの空気を吸っていましたか。

生徒：タンクはつけていませんでした。潜ったり，浮き上がったりしな
　　　がらイルカと泳いでいました。

教師：それは，素潜りというものですね。タンクの空気を吸いながら泳
　　　いでいる様子を見たことはありませんか。

生徒：あります。背中にタンクを背負って水中を泳いでいました。それ
　　　もやってみたいです。でも，いずれにしても水中を泳いでいます。
　　　ヒトの体は，浮くはずなのにどうして水中で自由に泳げるのです
　　　か。そういえば，おもりをつけていたかもしれません。

教師：おもりは，主にウェットスーツというゴムのスーツの浮力を打ち
　　　消すためのものです。ヒトは，浮くといえば浮きますが，ある程
　　　度深い水深では，沈むのです。

生徒：それはこわいですね。

教師：ですから，水深が深いところを泳ぐために，ライフジャケットに
　　　空気を入れます。

生徒：えっ…！　なんだかわかりません…。

　「イルカと泳ぎたい！」のように水中を自由に泳ぐことにあこがれている生徒はかなりいると思います。このような興味を利用して，生徒が難しく考えがちな，密度や圧力について簡単な体験も含めて考えていきます。

生徒の素朴な疑問に寄り添った指導の流れ

(1) 水に浮いたり，沈んだりする実験を行う

　［手順］

　　下記のことをプールで行う。

① 大きく息を吸って「だるま浮き」をする。

②「だるま浮き」をしている人を軽く押すと少し沈むが手を離すと浮く。

③「だるま浮き」をしている人の体のうち水面より上にある部分が僅かなことを確認する。

④ 大きく息を吸ってうつ伏せで腕や足を伸ばして，リラックスして水面に浮かぼうとする。大抵の場合は，足から沈む。

⑤ そのまま，だんだん息を吐いていくと体が沈んでいき，プールの底に腹ばいになって沈むことができる。

⑥ 自分のへそのあたりの周りの長さが，陸上より水中の方が短いことを確認する（メジャーやスズランテープ等を使う）。

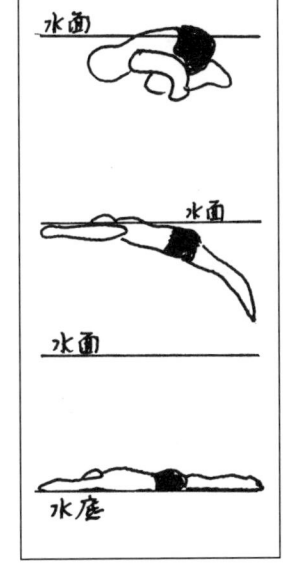

　この実験から，ヒトは，肺に空気がたくさん入っているときには浮き，空気を吐き出すと沈むことがわかります。これは，肺に空気が入っていると，体積が大きくなることで，ヒトの密度が水より小さくなり，肺に空気が入っていないとヒトの体積が小さくなるので，ヒトの密度が水より大きくなることを表しています。また，へそのまわりの長さが水中では短くなることから，

水圧によって体が押され，ヒトの体積が小さくなることもわかります。

(2) 対話で生徒の素朴な疑問を解消する

生徒：ヒトの体は，肺に空気がいっぱい入っているときは，浮いて，吐いてしまうと沈むのですね。

教師：ですから浮くと言えば浮くし，沈むと言えば沈みます。でも，どちらかと言えば沈むのかもしれません。ところで，水は$1cm^3$あたり$1g$です。ですから，水の密度は，$1g/cm^3$です。密度がこの数字より小さいと水に浮き，大きいと沈みます。

生徒：なんだか難しい話になってきましたね。

教師：大丈夫です。まだ，あきらめないで頑張りましょう。要するに，g（質量）÷cm^3（体積）が1より小さいと浮き，大きいと沈むということです。もし，あなたの質量（g）と体積（cm^3）が同じだとしたら浮きも沈みもしません。

生徒：私は，実は，45kgなので，45000gです。もし体積が$45000cm^3$だとしたら浮きも沈みもしないのですね。

教師：では，その体積に普段より多めに吸った空気$1L＝1000cm^3$を加えると$46000cm^3$になりますね。$45000g÷46000cm^3$の答えは，1より大きいですか，小さいですか。

生徒：割り算では，小さい数÷大きい数は，1より小さいので，小さいです。えーっ！　だから浮くのですね。ということは，$1L＝1000cm^3$の空気を吐いたら，体積は，$44000cm^3$になるので，$45000g÷44000cm^3$は，1より大きくなる。沈みますね。なんだかわかってきました。

教師：その通りです。沈む理由は，肺の空気が減っただけではありません。水中では，ヒトの体積はどうなりますか。ヘその周りの長さ

が短くなりましたよね。

生徒：小さくなります。水中では，ヒトの体積は，水圧で小さくなるの
　　　ですね。深くなるほど水圧が大きくなるので，体積は，さらに小
　　　さくなっていく。肺も縮められます。体の質量は変わらないから
　　　密度はどんどん大きくなり，より沈みやすくなります。

教師：その通りです。ですから，肺にいっぱい空気を吸っていても，深
　　　く潜ると体は沈むのです。ですから，素潜りでイルカと泳いでい
　　　る人は，うまく体を動かして，浮きすぎたり，沈みすぎたりしな
　　　いように泳いでいるのです。

生徒：タンクの空気を吸いながら泳いでいる人たちは，深いところでは
　　　沈みすぎないようにライフジャケットに空気を入れるのですね。

教師：その通りです。魚の体の中に浮き袋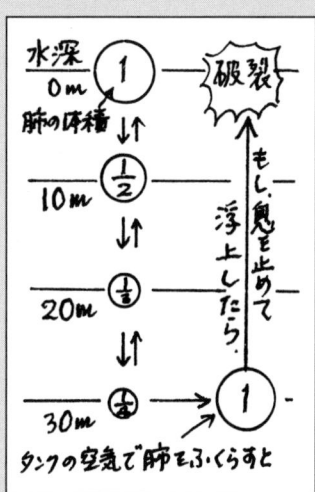
　　　があるのと同じです。水面に戻ると
　　　きには，中の空気を排出させ，急に
　　　浮かないようにします。タンクの空
　　　気吸うときは，レギュレーターとい
　　　う装置を使い，深く潜るほど水圧の
　　　増加に応じて圧力の高い空気を吸う
　　　ようにしています。急に浮くと，高
　　　い圧力の空気が肺を破裂させてしま
　　　い危険です。呼吸を続けゆっくり浮
　　　上しなければいけません。

生徒：なるほど。遊ぶためにもいろいろ知識が必要なのですね。

教師：そうです。タンクの空気を吸いながら潜ることをスキューバダイ
　　　ビングと言い，免許が必要です。

大きなかぶが抜けるとき
みんなが吹っ飛ぶのはなぜ？

素朴な疑問の場面

生徒：摩擦力で、「大きなかぶ」の話を思い出しました。

教師：大きなかぶがなかなか抜けないので、引く人を動物も含めて増やしていくと抜ける話ですね。

生徒：かぶが抜けないのは、かぶと土の摩擦力のためですよね。

教師：そう考えてもいいと思います。引く力が増えてもかぶが動かないのは、摩擦力も大きくなって引く力とつり合っていることになります。

生徒：引く力が大きくなると摩擦力も大きくなるのですか？

教師：そうです。でも、摩擦力には大きくなれる限界があって、それを超えると引く力の方が大きくなってかぶは抜けるのです。

生徒：なるほど。そうしたら、限界を超えた瞬間、静かに動き始めると思うのですが、あのお話では、抜けた瞬間、みんなは吹っ飛んでしまいます。あれはお話なのでおもしろく書いているんですよね。

教師：いやいや、吹っ飛ぶかもしれないよ。動き出すと摩擦力は、急に小さくなるからね。

生徒：えーっ！　摩擦力って引く力に合わせて大きくなったり、限界を超えると急に小さくなったりするのですか。不思議です。

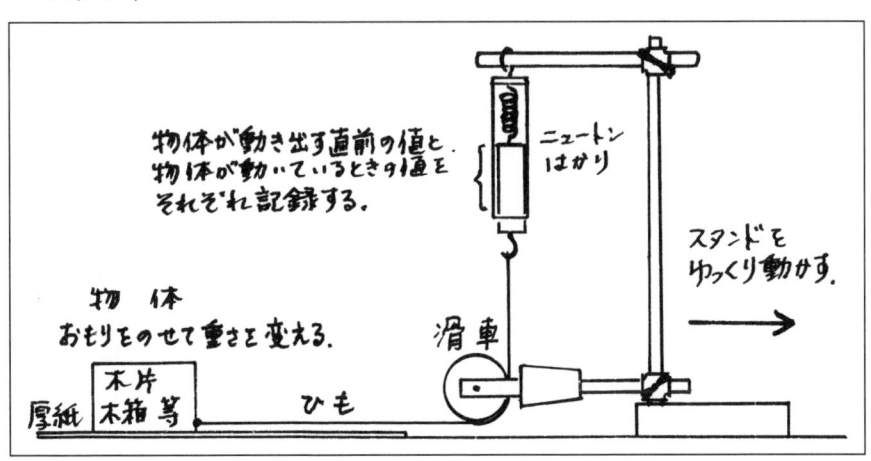

　中学１年の力の学習の中で、力の種類の１つとして摩擦力を扱います。２力がつり合うことで、物体が静止している例として、物体を動かそうとする力と摩擦力がつり合っていることを扱います。しかし、物体を動かそうとする力をだんだんに大きくしていって動き出す瞬間をとらえるような実験は、中学校では一般的に行われていません。そこで、下記のように、物体を動かそうとする力をだんだん大きくしていって動き出すまでの限界値を求めたり、動き出すと急に摩擦力が小さくなることを確かめたりする実験を紹介します。

生徒の素朴な疑問に寄り添った指導の流れ

（1）物体を動かそうとする力と摩擦力との関係を調べる実験を行う

　［必要なもの］

　・底面が平らな直方体の物体　　　　・表面がいろいろな状態の平らな厚
　　（木箱，木片等）　　　　　　　　　紙や板

　・ニュートンはかり　　　　　　　　・ひも

　・滑車　　　　　　　　　　　　　　・おもり

　・スタンド

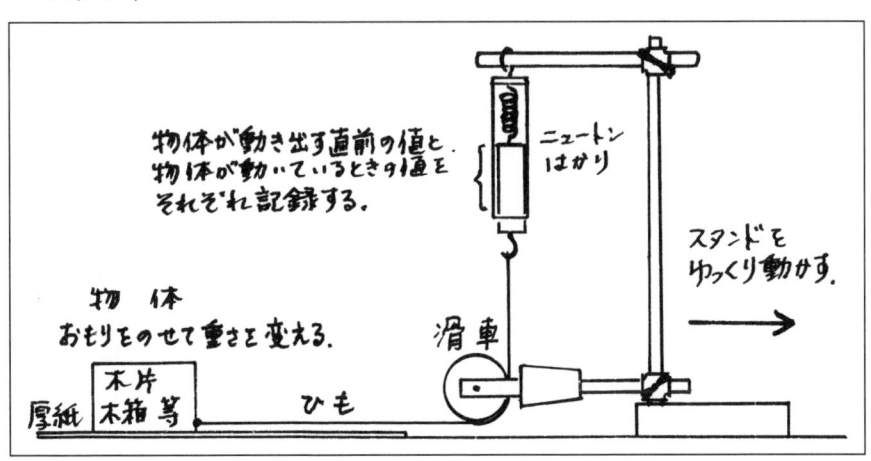

物体が動き出す直前の値と、物体が動いているときの値をそれぞれ記録する。

ニュートンはかり

スタンドをゆっくり動かす。

物　体
おもりをのせて重さを変える。

厚紙　木片木箱等　　ひも　　滑車

［手順］

① 図のように物体のできるだけ下側にひもをつける。

② 図のように、スタンドに滑車とニュートンはかりをとりつけ、厚紙や板の上に載せた物体からのひもを、滑車を介してニュートンはかりにとりつける。

③ ニュートンはかりの目盛りが0の位置にあることを確認してから、ゆっくりとスタンドを移動させ、物体が動き出す直前の目盛りを読み取り記録する。

④ 物体が動き出した瞬間、ニュートンはかりの数値が小さくなり、ゆっくり移動させ続けている間、ほぼ同じ数値を保つことを確認する。

⑤ 厚紙や板を変えたり、物体の上におもりを載せたりするなど条件を変えて、③から④を行い、数値を記録する。

［結果例］

ア：物体の重さ（N）	1.20	1.40	1.60	1.80
イ：動き出す直前の力（N）	0.62	0.74	0.87	0.98
イ÷ア	0.52	0.53	0.54	0.54
ウ：物体が動いているときの力（N）	0.37	0.45	0.51	0.59
ウ÷ア	0.31	0.32	0.32	0.33

(2) 対話で生徒の素朴な疑問を解消する

　この実験のイは、動き出すまでの限界の摩擦力（最大静止摩擦力）、ウは、動き出してからの摩擦力（動摩擦力）を表しています。イよりもウの方が小さくなります。カブが抜けるとき、みんなが吹っ飛んでしまうのは、最大静止摩擦力より動摩擦力が小さいからです。また、イ÷ア、ウ÷アがほぼ一定の数値になり、イ÷アが静止摩擦係数、ウ÷アが動摩擦係数を表しています。これらの数値を使えば、この条件では、ある重さの物体は、どれくらいの力

を加えれば動き始めるかを求めたり、動き始めてからは、どれくらいの力を加えれば一定の速さで移動させられるかなどを求めたりできます。

生徒：この実験では、スタンドを移動させて引く力を増やしていってどこまで物体が動かずに耐えられるか測定しておもしろかったです。ニュートンはかりがだんだん大きい数値になっていくのに物体が動かずに頑張っているので、摩擦力が大きくなっていくのがよくわかりました。

教師：かぶが抜けた瞬間、みんなが吹っ飛ぶのはわかったかな。

生徒：物体が動き出した瞬間、ニュートンはかりの目盛りがふわっと上にあがるのでよくわかりました。動き出すと摩擦力が小さくなるのですね。物が動き出すとき「がくっ」となるやつですね。

教師：その通りです。それから、これらの数値を利用するとある重さのものを動かすにはどれくらいの力が必要なのかわかります。

生徒：そうですね。数値が教えてくれるのですね。

≪今回使った関係式≫

最大静止摩擦力（最大摩擦力）＝静止摩擦係数×垂直抗力（平面なら物体の重さ）

動摩擦力＝動摩擦係数×垂直抗力（平面なら物体の重さ）

摩擦係数は，物体や面の状態により変化する。

物体を動かす力がこれらの摩擦力を越えると動き出す。

生活
学習
社会

火山灰が降るとどんな被害が出るの？

素朴な疑問の場面

生徒：家族旅行で温泉に行ってきました。温泉地の近くには，火山があって，溶岩が冷えてできた地形の中を歩いてきました。

教師：それは楽しかったですね。湯気が上がっていたり，においのする気体が出ていたりしませんでしたか。

生徒：はい，あれは硫黄のにおいですね。卵が腐ったようなあのにおいがすると温泉に来たなと思います。

教師：そのにおいは，硫黄ではなく，硫化水素という気体です。２年生の化学領域で学習します。

生徒：火山の近くは，おもしろい景色だし，温泉もあって楽しいけれど，もし，噴火したらどうなるのですか。

教師：溶岩が流れ出るので，その前に避難しなければなりせん。溶岩が流れた場所は焼き尽くされます。また，火山灰がたくさん出ると広範囲に被害が出ます。

生徒：火山灰で，ですか。

教師：そうです。もしかしたら都市機能が停止するかもしれません。電気や水道が止まり，交通機関も動けなくなるのです。

生徒：本当ですか。火山灰はそんなに恐ろしいものなのですか。

教師：それでは，火山灰がどういうものなのか調べてみましょう。

火山灰の観察は，一般的な授業でも行われています。元は，マグマなので，火成岩と同じ成分が見つかります。また，結晶の粒が細かい火山岩はマグマが急に冷えたためで，逆にマグマが地下深くでゆっくり冷えた深成岩では結晶の粒が大きくなることなどを扱います。ここでは，火山灰がその特徴から都市機能を停止させるかもしれないことに結びつけていきます。

生徒の素朴な疑問に寄り添った指導の流れ

(1) 土の中から火山灰を取り出して調べる

［必要なもの］

・火山灰を含んだ土（鹿沼土など）　・不要な布

・陶器の器　　　　　　　　　　　・吸水性のある紙

・ルーペ　　　　　　　　　　　　　（ろ紙やペーパータオル）

・カメラ機能がある電子機器　　　・磁石

［手順］

① 火山灰を含んだ土を陶器の器に入れ，水を入れ，かき混ぜる。

② 火山灰の成分は重く先に沈むので，泥水を流す。

③ ②を何度か繰り返し，水が透き通るまで行う。

④ 水分を流し，吸水性のある紙（ろ紙やペーパータオル）の上に沈んだ火山灰をあげて，しばらく置いて乾燥させる。

⑤ 乾燥させた火山灰をルーペで見たり，カメラ機能がある電子機器で撮影し，拡大してみたりする。

⑥ いろいろな結晶が見えるので，スケッチして，教科書や資料集の写真と比べて鉱物名を調べる。

⑧ 火山灰に磁石を近づけてみる。

⑨ 火山灰をプラスチックのコップに入れてこすりつけて，傷がつくか調べる。

⑩ 不要な布の上に火山灰をあげて，軽くこすると，布目の中に火山灰が入りこんで，取れにくくなることを調べる。

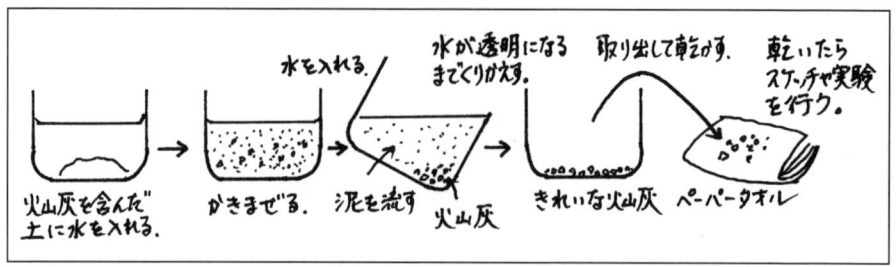

実験の様子

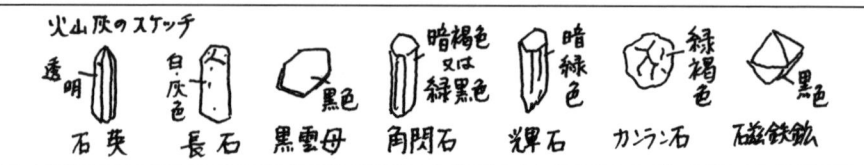

火山灰に含まれる結晶のスケッチ例

(2) 対話で生徒の素朴な疑問を解消する

　火山灰には，美しい結晶も含まれます。これらの結晶は，堆積岩の粒と違い，角があります。砂浜の砂粒は角が丸いのですぐにはらうことができますが，火山灰は粒に角があるので服に付くとなかなか取れません。また，磁鉄鉱という磁石に付く鉄の成分も含まれています。これらがたくさん降ったときの影響を考えます。

> 生徒：火山灰にはきれいな結晶もありました。
> 教師：透明な石英からできた大きくてきれいな結晶は水晶と言われています。また，緑褐色のカンラン石からできた結晶は，ペリドットという宝石として扱われ，8月の誕生石になっています。
> 生徒：でも，角がとがっていて，プラスチックの表面が傷つきました。

52

布に付くと簡単には落ちません。

教師：金属でも傷だらけにしてしまうそうです。こういうものが精密な機器の中に入ったら作動しなくなると思います。また，磁石に付いたことから，鉄の成分を含み，磁気を帯びているので，ますます困ります。

生徒：火山灰は，鉄を含むということは，電流を通すのでしょうか。

教師：例えば，鉄道の架線には電流が流れています。その架線を支えているのは，金属製のものです。その間に電流が流れてはいけないので，碍子といって電流を通さないものを介しています。その碍子に湿った火山灰が降り積もると，電流が流れてしまいます。

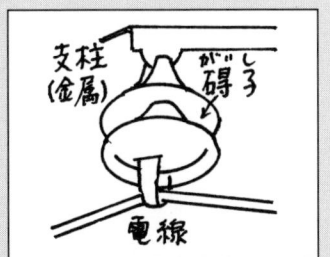

生徒：だから，停電や交通機関が止まる可能性があるのですね。でも，車は走れますよね。

教師：いやいや，火山灰が降り積もった道路はスリップしやすいそうです。坂道は登れないという実験結果もあります。それから，川に火山灰が流れると，川の水を浄化するのに浄化装置が詰まるそうです。ですから，水道も止まるかもしれません。

生徒：つまり，電気や水道が止まり，交通機関も止まるので物資も運べない。火山灰が降らない地域に歩いて避難するしかないのですか。

教師：火山灰が降りしきる中を外に出るとしたら，防護マスクやゴーグルが必要と思います。

生徒：どうしたらよいのでしょうか。今の暮らしは，大きな災害が起きたら破壊されてしまうのですね。

植物も呼吸をしているの？

素朴な疑問の場面

生徒：緑色をした植物は，葉緑体をもっていて，そこに光が当たると，二酸化炭素と水があれば酸素とデンプンができるのですね。緑色の植物はすごいですね

教師：そうですね。その過程を光合成と言います。緑色植物は二酸化炭素を吸って酸素を生み出してくれています。地球の大気の酸素の割合が，私たちのような動物が生育できるようになったのも，緑色植物による光合成のおかげと言われています。

生徒：ところで，植物も生物ですよね。生きていますよね。呼吸はしないのですか。

教師：当然しています。

生徒：呼吸は，酸素を吸って二酸化炭素を吐いているのですよね。

教師：そうです。酸素を取り入れて，体の中で有機物が燃えることで体温が上がり，活動できます。二酸化炭素が出るのは，有機物が燃えたからです。植物も呼吸を絶えず行っています。

生徒：光合成と呼吸の正反対のはたらきを両方やっているのですか。

教師：その通りです。いつもしているのは，呼吸。光があるときは，光合成。それでは，光合成と呼吸，光との関係を調べてみましょう。

　植物も呼吸を絶えず行っていることは，見落としがちです。光が当たらなければ，呼吸のみのはたらきなので，酸素を吸い，二酸化炭素を吐き出します。このことがよくわかるように，一般的に行われている，BTB溶液を利用した実験を紹介します。

生徒の素朴な疑問に寄り添った指導の流れ

（1）光合成と呼吸，光の関係を調べる実験を行う

［必要なもの］

- ・オオカナダモ　　　　　　・試験管3本
- ・BTB溶液　　　　　　　　・アルミ箔
- ・ストロー

［手順］

① 青色のBTB溶液（東京では水道水にBTB溶液を加えると大抵青色になる）に息を吹き込んで（二酸化炭素を溶かして）緑色にする。

② ①のBTB溶液を試験管ABCに分ける。

③ 試験管AとBには，オオカナダモを入れる。Cには何も入れない。

④ 試験管Bには，アルミ箔を巻き付け，光が入らないようにする。

⑤ 試験管ABCを並べて，30分程度光を当てる。

⑥ 試験管ABCの色の変化を見る。

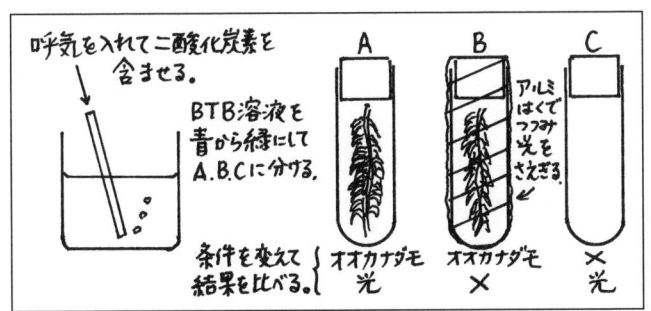

[結果例]

	試験管 A	試験管 B	試験管 C
オオカナダモ	入れる○	入れる○	入れない×
光	入れる○	さえぎる×	入れる○
BTB 溶液の色	青色	黄色	緑色
想定される二酸化炭素の量の変化	減少	増加	変化なし

(2) 対話で生徒の素朴な疑問を解消する

　この実験は，弱アルカリ性で青色にしてある BTB 溶液に，二酸化炭素を吹き込むと，酸性の炭酸水ができることで，中性の緑色の BTB 溶液をつくります。それを３本の試験管に分けています。息を吹き込みすぎると，黄色になってしまいます。二酸化炭素を吹き込むことで緑色にしているので，オオカナダモが二酸化炭素を使えば青色になります。二酸化炭素の量が増えれば黄色になります。条件を変えて３種類の実験を行うことで，緑色植物＋光があると二酸化炭素が使われることを確かめる「対照実験」の形にしています。光合成と呼吸，光との関係について調べる実験を通して，BTB 溶液の性質や科学的に調べる手法を学べるよい実験だと思います。

> 生徒：BTB 溶液は便利ですね。光があると，オオカナダモが二酸化炭素を使うことがよくわかりました。また，光がないと，呼吸だけなので，二酸化炭素が増えてしまうのですね。
>
> 教師：植物が呼吸していることがわかりましたか。ですから，暗い場所に植物を置いておいても，二酸化炭素が増えて，酸素は減ります。
>
> 生徒：そうですね。ところで，オオカナダモを入れて光を当てる試験管 A と光を当てない試験管 B を比べるのは，わかりますが，オオカナダモを入れない試験管 C にはどんな意味があるのですか。
>
> 教師：光を当てても BTB 溶液の色は変化しないことを確かめるためで

す。また，表を見てください。オオカナダモと光という条件を用意し，2つの条件が揃う〇〇と1つ条件を減らした〇×と×〇の実験を行ったのです。このような方法を「対照実験」と言います。

生徒：対照実験！　なるほど科学的に調べている感じがします。

教師：光合成，呼吸と光の関係では，光が強いときほど，さかんに光合成するだろうと考えられますが，だんだん光を弱くしていったらどうでしょうか。

生徒：光合成のはたらきが弱くなり，吸う二酸化炭素が減り，生み出す酸素が減っていきます。

教師：呼吸では絶えず酸素を吸い，二酸化炭素を吐き出していますね。

生徒：ということは…。光合成と呼吸の関係がちょうど打ち消し合う光の強さがあるということですね。その瞬間は，晴れの日なら1日に2回あるはずです。

教師：そうです。よく気が付きました。

生徒：自分の出すものと使うものが＋ー0というのは本当におもしろいです。理科では，実験はおもしろいけれど，後の考察は面倒だと思っていましたが，本当におもしろいのは考察ですね。

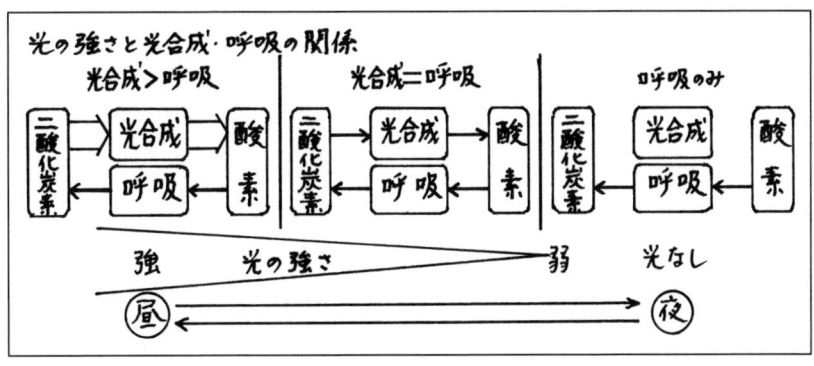

光合成と呼吸の板書例

鳥はどうして高い空を長時間飛べるの？

素朴な疑問の場面

生徒：渡り鳥がヒマラヤ山脈を越えて飛んでいる映像を見ました。すごいですね。

教師：ヒマラヤ山脈のエベレストは標高8848m です。渡り鳥たちは，上空9000m ぐらいを飛んでいることになります。ジェット旅客機と同じくらいです。

生徒：ヒマラヤ登山をする人たちは，酸素ボンベを使うと聞きました。

教師：そうです。山頂は300hPa くらいです。酸素ボンベなしの登山者もいますが，高山順応の限界と言われています。

生徒：私は，富士山の５合目に行っただけでも，息苦しくなりました。そんな高度で鳥はよく長時間飛べますね。

教師：上昇気流を利用して，高い高度の地点まで行ったり，Ｖ字型の編隊飛行をして前の鳥の羽根から生じる空気の流れを後ろの鳥が利用していたり，少しでも省エネルギーになるよう工夫して飛んでいるようです。

生徒：でも，空気がうすいのはどうしようもないですよね。

教師：そうです。そのため，肺の呼吸効率を高めるため，鳥の肺には，吸うときも吐くときも，同じ方向に空気が流れます。

生徒：そんな！　肺は，空気の出し入れをしているところですよね。

哺乳類の肺では横隔膜の動きによって，空気の出し入れをします。そのため肺胞への空気の入口は，１つであり，吸うときと吐くときでは，空気の流れは，逆になります。その肺の仕組みを確認した上で，より効率のよい鳥の呼吸の仕組みを学ぶようにします。

生徒の素朴な疑問に寄り添った指導の流れ

（1）哺乳類の肺のモデルをつくる

［必要なもの］

・ペットボトル　　　　　　　・ビニール膜，またはビニール袋

・管　　　　　　　　　　　　・粘着テープ

・風船

［手順］

① 既存の肺のモデル，または右図のような肺のモデルをつくる。

② 横隔膜にあたる部分を引いたり，離したりして，風船がふくらんだり，縮んだりする様子を確認する。

③ 風船がふくらむときには，空気が入り，縮むときには，空気が出るように，管の空気の流れが，変化することを確認する。

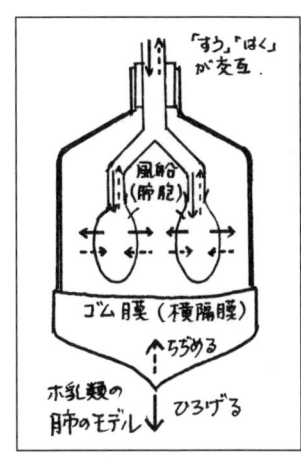

（2）対話で生徒の素朴な疑問を解消する

　肺のモデルでは，空気の出し入れのために，肺が縮んでしまうことに注目して，常に肺の中に空気が満たされるためにはどうしたらよいかを考えます。

生徒：肺に空気を出し入れするので，どうしても肺が縮むことになります。

教師：肺の中には，肺胞という小さい空気の入る袋が無数にあり，肺胞のまわりには，毛細血管が張り巡らされています。空気が入ると，毛細血管の隙間から，血液中の赤血球に酸素が含まれ，血しょうに含んでいた二酸化炭素が排出されます。

生徒：空気が抜けて縮んだときには，このはたらきはしないですよね。

教師：空気がないからできません。

生徒：ということは，肺は，半分の時間は，はたらいていないですね。

教師：確かにそうかもしれません。

生徒：もし，ずーっとはたらかせることができたら，もっとよく呼吸できますよね。登山家の肺はそうなっているのかな。

教師：まさか。同じ人間ですから。訓練してもそこまではないです。

生徒：もしかしたら，鳥はそうなのですか。

教師：よく気が付きましたね。実は，鳥類では，肺の中を空気は，一方向に流れます。しかも，入口と出口が別々にあります。呼吸器官という点では，鳥類は私たち哺乳類より優れたシステムをもっています。

生徒：高い空を飛ぶためにそのように進化したのですね。

教師：そうかもしれませんが，別の理由もあります。恐竜たちも同じ呼吸システムをもっていたと言われているんです。

生徒：恐竜が鳥に進化したとか，その逆とか聞いたことがあります。

教師：恐竜の時代は，中生代ですが，その前は，古生代です。中生代の終わりは，隕石の衝突により，塵が地球上に舞い上がり，太陽光を遮断して，気温が低下して，多くの生物が絶滅したと言われていますが，古生代の終わりは何があったのでしょうか。

生徒：火山の大噴火があったと何かで読んだことがあります。

教師：よく知っていますね。そのせいで，地球の酸素濃度が急に下がり，地球上の生物の約95％が絶滅しました。

生徒：残りは，たった５％…。

教師：そうです。その低酸素時代を生き抜くために，肺を一方向に空気が流れる呼吸システムをもつ動物が現れたと言われています。

生徒：それが，恐竜で，そして鳥なのですね。肺の中を一方向に空気が流れる仕組みを詳しく教えてください。

教師：下の図のように，肺の前後に空気の入る気嚢という袋があります。前後に袋があることで，肺の入口と出口があります。この他に空気の通り道があります。これを気嚢システムと言います。

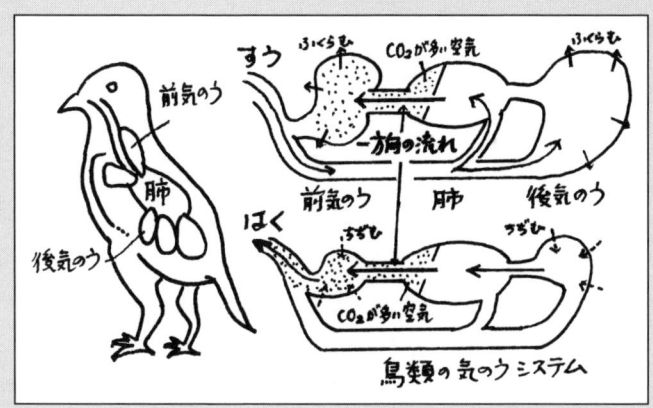

気嚢システム

生徒：確かにこの仕組みでは，いつも肺の中に空気が入っています。すごいですね。低酸素時代を生き抜くために獲得した呼吸のシステムが現在の鳥類に受け継がれ，高い空を飛べるようになったのですね。私も気嚢システムがあれば，どこまでも走ったり，泳いだりできるのに…。

生活
学習
社会

実験の薬品の量はどうやって決めているの？

素朴な疑問の場面

生徒：この前の鉄と硫黄の化合の実験は，おもしろかったです。硫化鉄
　　　ができて，うすい塩酸をかけると温泉のにおいがしました。

教師：それは，硫化水素ができたのです。硫化水素は空気より重い気体
　　　で，有毒です。

生徒：先生は鉄粉7gと硫黄の粉末4gを乳鉢でよく混ぜ合わせてから
　　　反応させるよう言いました。なぜ，7gと4gなのですか。

教師：鉄と硫黄がちょうどぴったり反応する割合だからです。

生徒：その前にやった水の電気分解では，水素と酸素が体積比2対1の
　　　割合で発生しました。固体では質量で，気体では体積なのですか。

教師：その通りです。ですから，鉄と硫黄は質量比7対4です。

生徒：この比はどうやって決まるのですか。

教師：物質を小さくすると最小の粒「原子」になります。その粒の質量
　　　が物質によって違います。その粒の質量比が鉄と硫黄では7対4
　　　ということです。

生徒：その粒はごく小さいですよね。

教師：鉄56gあたり6.0×10^{23}個あります。

生徒：えーっ？

　鉄と硫黄の化合や水の電気分解の実験は，実験らしく，大人になっても覚えている実験ではないでしょうか。ところが，原子や分子については，「難しいこと」になってしまい，理解するのをあきらめてしまう生徒が多いのではないでしょうか。実験をしたときの関心を継続させて，原子や分子についても関心をもって考えさせ，その考え方が活用されていることを理解してほしいです。

生徒の素朴な疑問に寄り添った指導の流れ

（1）周期表を利用して反応する割合を求める

［必要なもの］

　・周期表

［手順］

① 周期表の原子記号に付記してある，原子番号と原子量に注目する。

② 原子量が原子のおよその質量比を表していることを伝え，いくつかの反応のモデル図の原子に原子量を書き入れる。

③ 気体ができる反応をモデル図で表す。

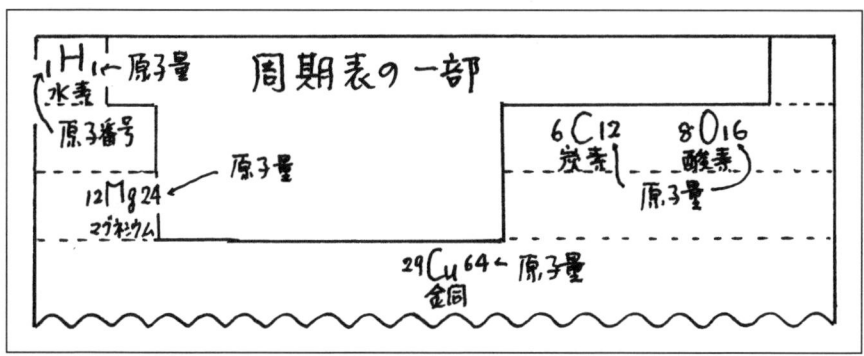

（2）対話で生徒の素朴な疑問を解消する

　モデル図の中に原子量を書き込み，それらの数字を簡単な比で表すと実験のときの各物質の質量になることに気付かせます。また，気体については，分子の数が発生する気体の体積になることに気付かせます。

生徒：原子量って便利ですね。鉄の原子量が56で硫黄の原子量が32なので，56対32を簡単な整数の比にすると7対4になります。これが用意した鉄と硫黄の質量と一致します。これで，反応する物質の質量比がわかるのですね。

教師：他の反応はどうですか。

生徒：銅を燃焼させると酸素と結びついて酸化銅ができて質量が大きくなりました。このとき，銅4に対して酸化銅は5できました（図1）。この反応をモデルで表すと，銅原子2個に対して酸素原子が2個結びついた酸素分子が1組結びついて，酸化銅が2

図1

組できます。銅の原子量が64で酸素の原子量が16です。このことから，$64 \times 2 + 16 \times 2 = 128 + 32 = 160$です。すごい！128対160は4対5です。

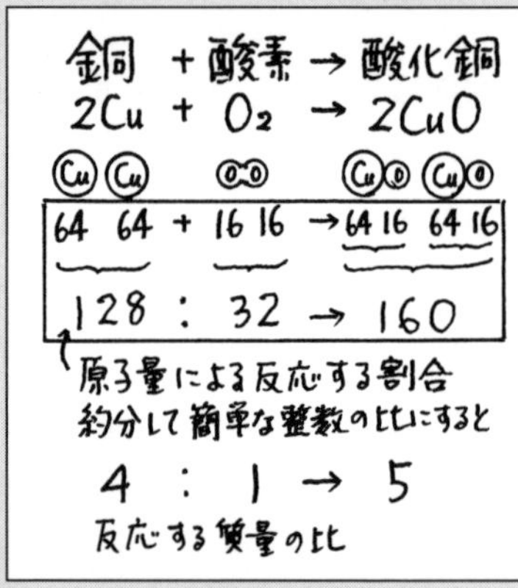

教師：マグネシウムではどうですか。

生徒：マグネシウムを燃焼させると酸素と結びついて酸化マグネシウムができて質量が大きくなりました。このとき，マグネシウム3に対して酸化マグネシウムは5できました（図2）。この反応をモデルで表すと，マグネシウム原子2個に対して酸素原子が2個結びついた酸素分子が1組結びついて，酸化マグネシウムが2組

できます。マグネシウムの原子量が24で酸素の原子量が16です。このことから，$24 \times 2 + 16 \times 2 = 48 + 32 = 80$です。すごい！　48対80は３対５だ。

教師：酸化銅の還元はどうですか。

生徒：酸化銅２組と炭素原子１個が反応して，銅原子２個と二酸化炭素分子が１組できました。炭素の原子量は12なので，$2 \times (64 + 16) + 12 = 172$が反応前です。$2 \times 64 + (12 + 16 \times 2) = 172$が反応後です。数字が一致します。このことから，酸化銅160gと

図2

炭素12gが反応すると，128gの銅ができます。これでは学校の実験では多すぎですね。学校では，酸化銅1.3gと炭素粉末0.1gでした。うーん。これは，120分の１にしたのですね。

$160 \div 120 = 1.333\cdots$，$12 \div 120 = 0.1$

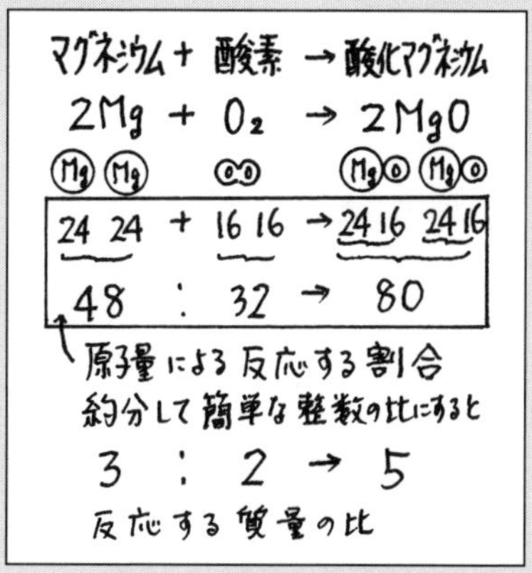

教師：自分が実験で体験したことが計算で表せるとうれしいですね。先生が適当に薬品を扱ってないことがわかりましたよね。固体の場合は，このように原子量で計算できますが，気体の場合は，分子の組数が体積比になります。

生徒：だから，水分子２組を分解すると水素分子２組と酸素分子１組になるので体積比が２対１なのですね。でも，塩酸を電気分解すると，水素分子１組と塩素分子１組になるので，発生する水素と塩素の体積比は１対１になるはずなのに水素の方が多かったです。

教師：それは，塩素が水に溶けやすいからです。

生徒：そうですか。体積は質量のように簡単にいかないのですね。

物質が結びつくとき何が起きているの？

素朴な疑問の場面

生徒：いろいろな化合物を習いました。塩酸は，塩化水素という水素と
　　　塩素が結びついた化合物の気体が水に溶けたものです。食塩は，
　　　塩化ナトリウムというナトリウムと塩素が結びついた化合物です。

教師：よく知っていますね。

生徒：でも，わからないことだらけです。結びつくと言いますが，何が
　　　起きているのでしょうか。きっと水素と塩素は結びつきやすい物
　　　質なのでしょうが，どうして結びつきやすいのでしょうか。それ
　　　に，塩化水素の化学式は，HCl です。なぜ，先に H がくるのです
　　　か。塩化ナトリウムの化学式は，NaCl ですが，なぜ，先に Na が
　　　くるのですか。先生は，当たり前のように「結びつく」と言った
　　　り，黒板に化学式を書いたりしますが，詳しい説明はなかったよ
　　　うに思います。

教師：そうですね。申し訳ないことをしました。ただし，結びつくこと
　　　を説明するのは，原子の構造や電子の数について説明することに
　　　なるので大変です。あと，化学式は，国際ルールです。その方が
　　　いろいろ便利なのです。

生徒：やさしく教えてください。お話ばかりでなく実験もしたいな。

教師：わかりました。

物質が結びついたり，離れたりすることを塩化水素が水に溶けたうすい塩酸や塩化ナトリウム水溶液（食塩水）に電流を流したときの変化から，イオンを使って説明していきます。

生徒の素朴な疑問に寄り添った指導の流れ

(1) うすい塩酸と食塩水に電流を流す実験を行う

［必要なもの］
 ・うすい塩酸と食塩水
 ・手回し発電機
 ・H形電極
 ・ビーカー

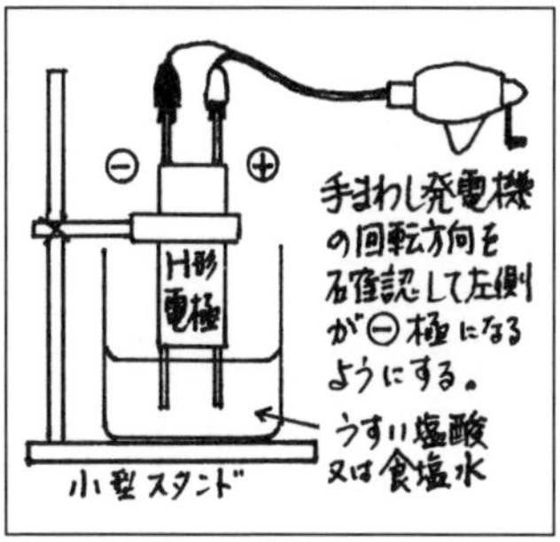

［手順］
① うすい塩酸，食塩水それぞれをビーカーに入れる。
② H形電極を水溶液の中に入れ，手回し発電機をつなぐ。
③ 手回し発電機の回す方向と電極の陰極，陽極を確認する。
④ 手回し発電機を回して，水溶液の変化を調べる。

(2) 対話で生徒の素朴な疑問を解消する

　うすい塩酸も食塩水も電流を流すと，陽極側の水溶液が黄色くなります。これは，発生した塩素が水に溶けて次亜塩素酸 HClO ができたことによります。このことから，塩素が陽極側から発生しているので，塩素は，－の電気をもったと考え，原子やイオンのつくりを知り，原子同士が結合する仕組みを説明していきます。

生徒：うすい塩酸も食塩水も，プールのにおいがして陽極側が黄色くなりました。また，陰極側からさかんに，泡が発生していました。

教師：塩素が発生して，水に溶けて次亜塩素酸になったので水溶液が黄色くなった。では，なぜ塩素が陽極側から発生するのでしょうか。

生徒：陽極って＋ですよね。もしかして，塩素は，－の電気をもったのですね。だからひきつけられたのだと思います。

教師：よく気が付きましたね。うすい塩酸に電流を流したときに陰極側から発生した気体は水素ですが，なぜ陰極側かわかりますか。

生徒：はい。水素は，＋の電気をもったのですね。でも，どうして電気をもつのですか。

教師：物質の最小単位は，原子という粒です。原子にはそれぞれ固有の質量や大きさがあります。そして，あらゆる原子の中で最も質量が小さいのが水素原子です。

生徒：原子の質量の違いは何が違うのですか。

教師：いい質問です。原子の中心を原子核といい，＋の電気をもった陽子と電気的には中性の中性子があります。陽子の数は，原子番号と同じです。

生徒：原子番号は，周期表にある元素記号の左の数字ですね。水素は1で塩素は17です。ナトリウムは11だ。陽子の数からしても水素の質量が最も小さいとわかります。でも，＋の電気は原子核の中として，－の電気はどこにあるのですか。

| $_1$H |
| $_{17}$Cl |
| $_{11}$Na |

教師：－の電気は，原子核のまわりをまわっている電子という粒がもっているんだ。この電子の数は陽子の数と同じです。

生徒：それでバランスをとっているのですね。でも，そのことと，原子が電気をもったり，結合することとどう関係するのですか。

教師：ボーアという人が原子核のまわりにどのように電子があるのか調

べ，原子核のまわりには，電子の居場所があらかじめ決まっていることがわかりました。その場所にそれぞれの原子がもつ電子が図1のように配置されるのです。

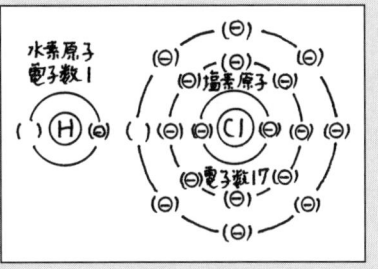

図1

生徒：水素は1つしかない電子がはみ出ていて，塩素は入る場所が1つ余っているような配置ですね。

教師：よく気が付きました。出っ張っているものと，へこんでいるものが図2のように結びついたのが，塩化水素です。

図2

生徒：結びつくということがわかりました。では，電気をもつのは？

教師：結びついていたものが図3のように切れるとどうなりますか。

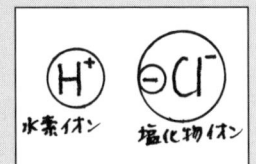

図3

生徒：あ，水素原子は，－の電気をもった電子を置き去りにしたので＋になり，塩素原子は，－の電気をもった電子をもらったので－になったのですね。塩化ナトリウムでも同じようなことが起きているのですね。

教師：その通りです。このように電気をもった電子をイオンと言います。塩化水素は，水の中で，プラスの電気をもった水素イオンと－の電気をもった塩化物イオンに分かれます。これを電離と言います。

生徒：あと，化合物の化学式の順番はどういうルールがあるのですか。

教師：原子番号の順にしますが，金属の原子は前にすることになっています。このルールに従うと，HClもNaClも＋のイオンになるものが前，－のイオンになるものが後ろとなり便利です。

生活
学習
社会

電流と電圧って何が違うの？

素朴な疑問の場面

教師：電流は電流計を直列につないで測ります。電圧は電圧計を並列に
　　　つないで測ります。

生徒：どうして電流計は直列で，電圧計は並列なのですか。そもそも電
　　　流と電圧は何が違うのですか。

　これは電流とは何か，電圧とは何かという，根本的な疑問です。電気に関
する学習は，小学校3年生から扱っています。その中で，電流や電圧につい
て学年ごとにどのように説明しているかを下の表に示しました。

表1　学年ごとの電流や電圧の説明例

小学3年	・乾電池の＋極，豆電球，乾電池の－極が，1つの輪のように銅線でつながっているとき，電気が通る。 ・電気の通り道のことを回路という。
小学4年	・電気の流れを電流という。検流計を使うと，回路に流れる電流の向きと大きさを調べることができる。
小学5年	・電流計は，検流計よりも，電流の大きさを詳しく測ることができる。 ・電流計は，電流の通り道（回路）に直列につなぐ。

小学6年	・電気は，発電機などでつくることができる。 ・電気は，光，音，運動などに変えて，使うことができる。 ・電気は，コンデンサーなどに貯めることができる。
中学2年	・電流の大きさは，電流計で測定して数値で表すことができる。 ・乾電池には，1.5Vや9Vなどと書かれている。この数値は，回路に電流を流そうとするはたらきの大きさを表している。

　表1から，電流については，小学校3年生以降，電気の流れの大きさのことだと説明されてきていることがわかります。電圧については，小学校では扱わず，中学2年からです。電流を流そうとするはたらきが電圧なので，電流を測定するためには，はじめに電圧を決めて電流を流し，どれだけ流れているのかを測定します。電流を先に習い，やっと中学で出てきたのが電圧なのに，先に電圧を決めないと電流は測定できないのです。ほとんどの生徒たちは，これらのことについて深く考えず，電流や電圧がどういうことなのか整理できずにいると思います。そこで，電流を流そうとするはたらきとはどういうものかを体験的に理解できるような学習が必要であると考えます。

生徒の素朴な疑問に寄り添った指導の流れ

(1) 手回し発電機を電源として利用した電流回路の実験を行う

　［必要なもの］

　・手回し発電機
　・豆電球（3.8V，0.3A）2個
　・電流計
　・電圧計
　・電極付き豆電球ホルダー2個

　・ワニ口クリップ付きコード
　　（黒3本，赤3本，透明1本）
　・電流計や電圧計に印をつける
　　ホワイトボード用ペン

[手順]

① 手回し発電機に豆電球1個，電流計，電圧計をつないだ回路を組み立てる（電圧計の3Vに印をつけておく）。

② 手回し発電機を回して電圧が3Vになるように電流を流し，電流計の数値を記録する（電流計の針がふれた位置に印をつける）。

③ 手回し発電機に豆電球2個並列，電流計，電圧計をつないだ回路を組み立てる。

④ 手回し発電機を回して電圧計の目盛りが3Vになるように電流を流し，電流計の数値を記録する。また，②のときと，豆電球の明るさや手回し発電機を回すときの重みについて比較する。

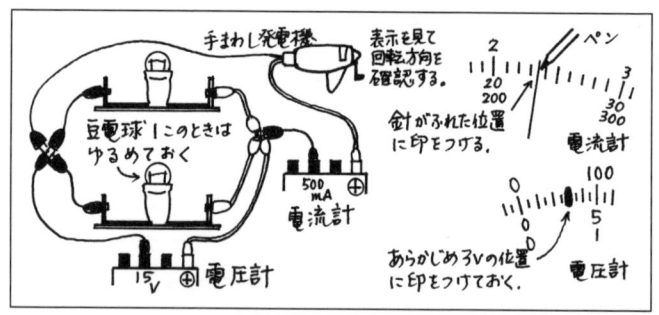

[結果例]

	電圧	電流	明るさ	発電機の回し加減
豆電球1個	3V	0.23A		
豆電球2個並列	3V	0.46A	変化なし	重くなる

[考察例]

・豆電球を1個から2個並列にすると，電圧は同じでも，流れる電流は2倍になる。2個並列でも，1つ1つの豆電球の明るさは同じなので，必要な電流が2倍になったと考えられる。このことは，発電機を回したときの重みが増えたことと一致する。

(2) 対話で生徒の素朴な疑問を解消する

　豆電球２個並列にすると，豆電球１つ１つに３Ｖという電流を流そうとするはたらきが加わります。このことから，手回し発電機という電源からの電流は，豆電球１個の場合に比べて２個並列にすると２倍になります。

> 教師：導線の中を実際にどれくらいの電流が流れているのか測定するので，電流計は，電源からの回路の中に直列につなぎます。電圧は，電流を流そうとするはたらきなので，電流がはたらいているところと並列になるように電流計をつなぎます。
>
> 生徒：豆電球１個でも２個並列でも，電流を流そうとするはたらきは同じ３Ｖなのにどうして電流は２倍になるのですか。
>
> 教師：豆電球２個が並列なので，１つ１つに３Ｖの電圧の電流を流そうとするはたらきを加えているのですよ。だから，２つの豆電球と並列に電圧計をつなぎました。
>
> 生徒：そうすると２個並列のときは，１つ１つの豆電球に１個のときと同じだけの電流を流そうとするはたらきが加わり，１個のときと同じだけの電流が流れたのですね。明るさが変わらないのもそのためですね。そして回路全体の電流が２倍になったのですね。
>
> 教師：その通りです。そして，２個並列にすると電圧が同じなのに手回し発電機が重くなったのは，２倍の電流を生み出したからです。
>
> 生徒：手回し発電機を回したことで，電流を流そうとするはたらき，電圧を加えたのですね。それで，電流が流れたのですね。私たちは，小学校から電流のことは習ってきたけれど，電流って，電圧を加えないと流れないのですね。

　このようにして，電圧が電流を流そうとするはたらきだということを体験的に学んだ後に，電圧，電流，抵抗の関係を調べる実験を行うと，理解が深まっていきます。

送電線に使われる金属は？

素朴な疑問の場面

生徒：電流回路の実験では，導線をいろいろつなぐので，ごちゃごちゃになって大変でした。

教師：電源の－側を左，＋側を右にして，電流計と抵抗が1周するようにつなぎ，電圧計も－側が左になるように置けば，導線がクロスすることなく整理してつなげます。

生徒：各器具を置く向きが大切なのですね。ところで，導線の中身の金属はどうして銅なのですか。

教師：金属は電流をよく通します。しかし，金属によって差があります。銅は，銀の次に抵抗が小さく，電流をよく通す金属です。

生徒：銀は値段が高いので，その次の銅を使っているのですね。

教師：でも，本当に抵抗が小さい金属は，アルミニウムかもしれません。

生徒：なぜですか。

教師：大きな鉄塔が並んでいて，送電線が遠くからつながっている景色を見たことはありませんか。

生徒：あります。あの導線も銅ですよね。

教師：銅では，鉄塔をとても頑丈にしないといけません。送電線にするには，銅よりもアルミニウムの方が抵抗を小さくできます。

生徒：アルミニウムの方が，抵抗が大きいのに，ですか？

各金属の抵抗値は，同じ断面積で同じ長さにしたときの数値で表していま
す。送電線を支える鉄塔のことを考えると，送電線は，できるだけ軽くする
必要があります。また，導線の抵抗は，断面積に反比例するので，電流を流
す送電線は断面積を大きくする必要があります。これらのことから，送電線
の抵抗を考えるためには，各金属の密度も含める必要があります。密度の学
習は，中学1年ですが，中学2年の電流単元でも，既習事項として活用する
ことができます。

生徒の素朴な疑問に寄り添った指導の流れ

(1) 銅とアルミニウムの抵抗値と密度の値から同じ質量で同じ長さの導線を
作ったときの抵抗値を計算する

　例　質量10kgで10mの金属線を銅とアルミニウムで作ったときの抵抗値
　　　を求める。

	断面積1mm^2，長さ1mの抵抗値（20℃のとき）	密度
銅	0.017Ωmm^2/m	8.96g/cm^3
アルミニウム	0.028Ωmm^2/m	2.70g/cm^3

　銅の密度は9.0g/cm^3，アルミニウムの密度は2.7g/cm^{3}とする。

・銅で作った場合

　10kgで10mにしたときの断面積を求める。

　$10000g \div 9.0g/cm^3 = 1111cm^3$…体積

　$1111cm^3 \div 1000cm = 1.11cm^2 = 111mm^2$…断面積

　$0.017Ωmm^2/m \div 111mm^2 = 0.000153Ω/m$…1mあたりの抵抗

　$0.000153Ω/m \times 10m = 0.00153Ω$

・アルミニウムで作った場合

　10kgで10mにしたときの断面積を求める。

　$10000g \div 2.7g/cm^3 = 3704cm^3$…体積

$$3704\text{cm}^3 \div 1000\text{cm} = 3.70\text{cm}^2 = 370\text{mm}^2 \cdots 断面積$$
$$0.028\Omega\text{mm}^2/\text{m} \div 370\text{mm}^2 = 0.0000756\Omega/\text{m} \cdots 1\text{m}あたりの抵抗$$
$$0.0000756\Omega/\text{m} \times 10\text{m} = 0.000756\Omega$$

質量10kg で10m の金属線を銅とアルミニウムで作ったときの抵抗値
・銅　0.00153Ω＞アルミニウム　0.000756Ω

(2) 対話で生徒の素朴な疑問を解消する

　このような計算結果から，同じ質量で同じ長さの導線を作ると，アルミニウムの方の抵抗が小さいことがわかります。送電線は，何百 km もの距離を送電します。この差が非常に大きくなります。この送電線の抵抗は，既習事項を活用すると，金属の抵抗は銅＜アルミニウムが現実には覆っていることがわかるよい例だと思います。

生徒：面倒な計算でしたが，同じ質量，同じ長さという条件では，銅よりもアルミニウムの方が，抵抗が小さくなることがわかりました。
教師：下の図は，鉄塔に取り付けられている送電線の構造です。中心部に強度を保つために銅線が入っていますが，ほとんどアルミニウムの線からできています。

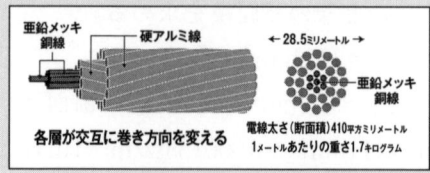

出典：中部電力株式会社

生徒：確かにほとんどアルミニウムが使われています。
教師：私たちの家庭に届くまで，電気は，かなりの距離を送電されてきます。東日本大震災では，福島の東京電力の原子力発電所の事故

が起き，地域の方々が避難生活を強いられ，以前の生活を取り戻すことが困難な状態です。また，発電所の廃炉作業も非常に長くかかります。あの発電所は，首都圏に電気を供給していたものです。地元の福島県は，東北電力です。

生徒：すると，福島の方々は，首都圏に電気を送るための発電所の事故で大変つらい思いをしていることになるのですね。首都圏に住んでいる私としては本当に申し訳なくなります…。

教師：そうですね。要するに，福島から東京まで300kmの距離を送電していたのです。

生徒：もし，さっきの計算例で300kmにするとどうなるかな。300kmは，10mの30000倍の長さになります。抵抗値は，長さと比例するので計算した抵抗値を30000倍すればよいのですね。

〔10mあたり10kgの送電線で300km分の抵抗値〕
　　銅の場合　　0.00153Ω×30000＝45.9Ω
　　アルミニウムの場合　　0.000756Ω×30000＝22.7Ω

生徒：計算するといろんなことがわかりますね。でも，小数点以下の桁は，どれくらい計算したり表したりしたらよいのですか。

教師：計算が楽しくなってきましたね。それからよいことに気付きました。高校以上では，例えば0.01なら，1.0×10^{-2}のように表します。このときの前の数字の桁数がその数値の精度になります。

生徒：$0.00153\Omega = 1.53 \times 10^{-3}\Omega$，$0.000756\Omega = 7.56 \times 10^{-4}\Omega$ ということですね。カッコイイですね。きっと慣れればこの方がわかりやすいのでしょう。いろいろ勉強になります。

冬は乾燥しているはずなのに
なぜ窓ガラスや壁に水滴がつくの？

素朴な疑問の場面

教師：太平洋側の地域は，冬は乾燥した天気が続きます。

生徒：でも，家の窓ガラスや壁に水滴がついてじめじめするのは冬です。乾燥しているはずではないのですか。

教師：窓ガラスが曇ったのは，部屋の内側ですか？　外側ですか？

生徒：内側です。だから窓枠のまわりが水浸しになって困ります。冬が乾燥しているということは，夏は湿っているのですか。確かに梅雨の時期はそうですが，真夏のかんかん照りの日は洗濯物もよく乾くし，実は乾燥しているのではないですか。

教師：いやいや，夏の方が湿っているはずです。それに，夏も窓ガラスが曇るのですよ。ただし，部屋の外側ですがね。

生徒：えーっ。冬でも夏でも曇るんですか。乾燥していると水浸しになるし，かんかん照りの方が湿っているなんて，ますますわからなくなります。

　この会話は，「実際に空気中にどれだけ水蒸気があるのか」ということと，「その温度の空気は，どれだけの水蒸気を含むことができるか」ということが混同しています。でも，まずは，寒くても暑くても窓ガラスが曇ることを簡単な実験で確認しておきましょう。

生徒の素朴な疑問に寄り添った指導の流れ

(1) 水滴がガラスの外側につくか内側につくかを確認する

[必要なもの]

・ビーカー2つ　　　　　　　　　　・氷

・熱湯

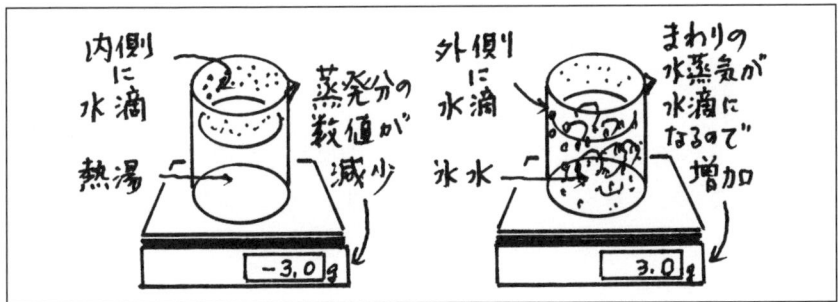

[手順]

① それぞれのビーカーの中に熱湯と氷水を半分ぐらい入れる。

② 熱湯を入れたビーカーは，ガラス面の内側が曇り，氷水を入れたビーカーは，ガラス面の外側が曇ることを確認する。

(2) 対話で生徒の素朴な疑問を解消する

　この実験で確認できることは，温度の高い側が曇るということです。冬は，暖房により家の中の方の気温が高く，窓ガラスの内側が曇ります。夏は，冷房により家の中の方の気温が低く，窓ガラスの外側が曇ります。気温が下がると空気中に含みきれる水蒸気量が少なくなるので，窓ガラスの気温が高い側に水滴がつくのです。

生徒：熱湯を入れたビーカーも氷水を入れたビーカーも温度が高い側が
　　　曇りました。

教師：空気中に含みきれる水蒸気量は,
　　　右のグラフの通り, 気温が高くな
　　　るほど多くなります。

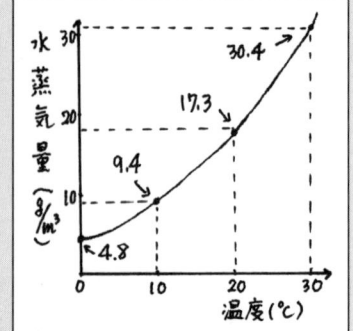

生徒：気温10℃では, 1m³あたり9.4g
　　　しか水蒸気を含みきれないのに,
　　　気温30℃になると30.4gも含める
　　　ようになるんですね。

教師：そうです。そして, ややこしいのは, それぞれの気温で含みきれ
　　　る水蒸気量を全て含んでいるとき,「湿度100％」と言うことです。

生徒：ということは, 気温10℃で湿度100％のときの水蒸気量は, 1m³
　　　あたり9.4gなのに, 気温30℃で湿度100％のときは水蒸気量が
　　　30.4gと3倍以上も違うということですね。

教師：そうです。だから, 気温が低いときは, 湿度100％でも水蒸気量
　　　が少ないから乾燥していると言えるし, 気温が高いときは, 湿度
　　　が低くてもかなりの水蒸気量があるから湿っていると言えます。

生徒：冬, スキー場で雪だらけで湿っているはずなのに肌が乾燥するか
　　　らクリームを塗るのはおかしいと思ったけど, そういうことだっ
　　　たんですね。

教師：その通りです。冬は乾燥しているはずなのに洗濯物がなかなか乾
　　　かないのも, 含みきれる水蒸気量が少ないためです。

生徒：なるほど。乾燥しているけどじめじめ, 湿っているけどよく乾く。
　　　なんだかわかったような気がします。ところで, バスや電車など
　　　の運転席の窓ガラスが曇ると前が見えなくなって大変です。また,
　　　家でも水浸しは困ります。どんな対策をしているのでしょうか。

教師：バスや電車に乗ったとき，運転席の前のガラスがどうなっている
か見てみてください。それから，断熱効果の高い窓は曇りにくい
ですが，どうなっているのか見てみてください。

 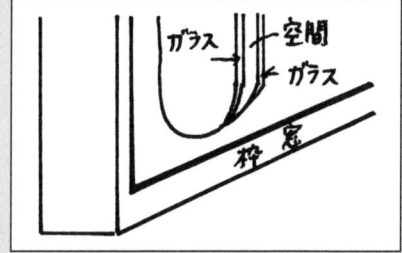

運転席の窓ガラス　　　　　　　　断熱効果の高い窓ガラス

生徒：窓ガラスを温めておけば，水蒸気が水滴にならずに曇らないんで
すね。

教師：その通りです。また，ガラスを二重にして，間に隙間を設けるこ
とによって内側の窓ガラスに外の冷たさが伝わらないようにして
曇りにくくしています。また，カーテンを閉めておくと暖かい空
気がガラスに当たらず曇りにくくなります。これは，温めない方
法です。

コラム：水泳のゴーグルやスキーのゴーグルが曇らないのはなぜ？

　くもり止めには，界面活性剤を使っています。曇るのは，細かい水滴
がつくためです。水滴ができるのは，水に表面張力という，まとまろう
とするはたらきがあるからです。界面活性剤は，水をまとまらせないで
うすく伸ばす効果があります。そのため，表面に薄い水分の膜ができて
いる状態になっていたり，うすく伸びた水分を蒸発しやすくしたりして
います。

100℃でなくても水が蒸発するのはなぜ？

素朴な疑問の場面

生徒：水が沸騰する温度は，100℃ですよね。

教師：はい。詳しく言うと，1気圧のときは100℃です。気圧が低いと低い温度で沸騰します。

生徒：それは，高い山の上では，低い温度で沸騰してしまうということですか。

教師：その通りです。ですから，標高が高い場所では，ご飯を炊くときに，低い温度で水が沸騰してしまい，おいしく炊けないので，圧力釜を使っているそうです。富士山の頂上，3776mでは，約88℃で水が沸騰するそうです。

生徒：それでも88℃ですよね。この前学習した湿度では，温度が高いほどたくさんの水蒸気を空気中に含めますが，0℃でも1m³あたり約4.8g含めるとグラフにありました。富士山の山頂までいっても沸点が88℃なのに，どうして0℃で水蒸気が空気中にあるのですか。それに，高い温度にしなくても洗濯物は乾きます。あれは，衣服に含まれていた水が蒸発したから乾いたのですよね。

教師：その通りです。0℃でも水は蒸発しています。0℃でも沸騰してしまうとても低い圧力があると考えることもできます。

生徒：そんな世界があるのですか？

100℃にならなくても，水が蒸発していることは，日常生活の体験から明らかです。圧力が低いほど沸騰する温度が低くなるということを，高校の内容である，分圧という考え方で説明していきます。

生徒の素朴な疑問に寄り添った指導の流れ

(1) 圧力が低い状態で沸騰させる実験を行う

［必要なもの］

・簡易真空実験器　　　　　　　　　　・温度計

［手順］

① 沸騰した水をしばらく冷まして70℃程度にする。

② 簡易真空実験器に入れて，空気を抜く。

③ 水が沸騰する様子を見る。

(2) 対話で生徒の素朴な疑問を解消する

　このように，簡易真空実験器を使うと，100℃より低い温度で沸騰して水が液体から気体に変わることがわかります。物質の三態について，加熱時間と温度の関係，温度と圧力の関係，飽和水蒸気量，飽和水蒸気圧の４つのグラフから考えます。

生徒：圧力が下がると水が沸騰する温度が100℃より低くなりました。

教師：これまで，水の固体，液体，気体の変化を図１のような，加熱時間と温度の関係で学習してきました。これは，あくまでも，地上の気圧，1013hPaでの状態変化を表しています。ですから，固体から液体に変わる融点が０℃で，液体から気体に変わる沸点で

100℃でした。圧力が低くなると，面を押さえる力が弱くなるので，気体になりやすくなるので，沸点が下がります。

生徒：つまり，物質の三態を考えるときは，温度と圧力の両方のことを考えないといけないのですね。

教師：その通りです。そこで，温度と圧力の関係で水の固体，液体，気体の状態変化を表しているのが図2です。

生徒：なるほど，このグラフを見ると，圧力が下がると，沸点が下がることがわかります。でも，このことと，空気中に水蒸気が含まれていることとどう関係するのですか。

教師：図3の飽和水蒸気量のグラフから，1m³の空気中に，0℃では，飽和水蒸気量から約4.8gの水蒸気を含みきれることがわかります。では，図2の温度と圧力のグラフの0℃付近に注目してください。

生徒：図2の温度と圧力のグラフでは，0.01℃のところが三重点で，固体，液体，気体の3つの状態の境目ですね。このときの圧力が6.1hPaです。ということは6.1hPaのときは，水の沸点は約0℃ということですか。とんでもない低圧です。

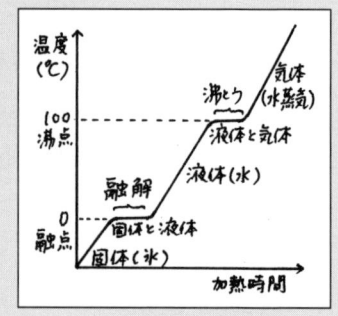

図1

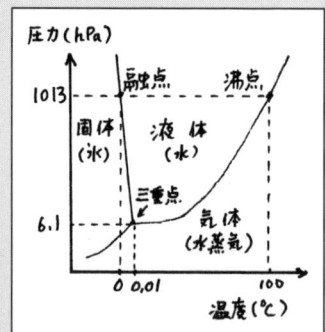

図2

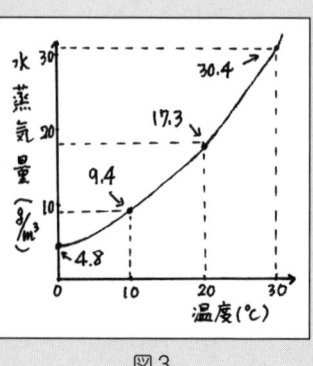

図3

84

教師：では，図4の飽和水蒸気圧のグラフを見てください。さっきの飽和水蒸気量のグラフと，横軸は同じ温度ですが，縦軸が，圧力になっています。飽和水蒸気量は，空気 1 m³ 中に含みきれる水蒸気量を g で表していますが，これを空気の圧力の中のうちに占める水蒸気の圧力で表したものになります。つまり，0℃の空気では，1 m³ 中に4.8g の水蒸気を含みきれますが，その水蒸気の圧力は，空気の圧力の中で6.11hPaにあたるということです。これを分圧と言います。

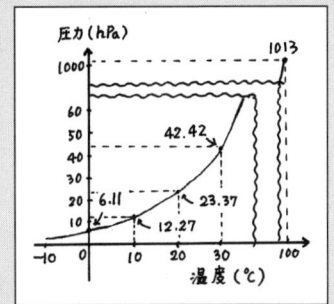

図4

生徒：6.11hPa…。あれ，図2の6.1hPaと一致します。なるほど，だから，0℃の空気にも水蒸気が含まれているのですね。

教師：それから，100℃のときの飽和水蒸気圧は，1013hPa です。大気圧と一致します。つまり，100℃にすれば，空間中を全て水蒸気で満たすことができます。ですから，100℃になると，やかん中の水面とふたの間が全て水蒸気になります。

生徒：水が沸騰や蒸発は身近なことですが，詳しく説明するとなると本当に大変なのですね。

《飽和水蒸気量と飽和水蒸気圧の換算式》

$$飽和水蒸気量（g/m^3）= \frac{217×飽和水蒸気圧（hPa）}{温度（℃）+273.5}$$

飛行機が着陸する向きはどう決まるの？

素朴な疑問の場面

生徒：冬休みに家族旅行で飛行機に乗りました。私は，初めてでしたが，高校生の姉は，修学旅行で乗ったことがあるので，自慢げに「羽田空港に着陸するときは，ディズニーランドが近くに見えるから右側の窓際にするといいよ」と教えてくれました。

教師：それでよく見えたのですか。

生徒：いいえ。もうすぐ見えるのかなと思っていたら着陸してしまいました。なんか期待外れでした。

教師：お姉さんの修学旅行はいつでしたか。

生徒：たしか，1学期の期末テストが終わってからでした。沖縄に行って，海でいろんな体験をしたそうです。いいな…。

教師：ということは，お姉さんが修学旅行で乗った飛行機とあなたが乗った飛行機は，別の方角から着陸したと思います。

生徒：えーっ。同じ羽田空港ですよ。

教師：飛行機は，着陸するときの滑走距離を短くするために風に向かう向きに着陸するのです。

生徒：ということは，夏と冬では風向きが違うからということですね。

教師：その通りです。それでは，季節によってどのように風向きが変わるか調べてみましょう。

季節の天気の特徴は必ず学習することです。このことと，飛行機が着陸する方角とを関連づけることでおもしろい授業ができると思います。飛行機に乗って，上空から景色を眺めることはわくわくするのではないでしょうか。飛行機に限らず，何かわくわくすることを授業に取り入れたいものです。

生徒の素朴な疑問に寄り添った指導の流れ

(1) いろいろな季節の風向きと飛行機が着陸する方位の関係を調べる

［必要なもの］

・各季節の天気図　　　　　　　　　・空港の位置がわかる地図

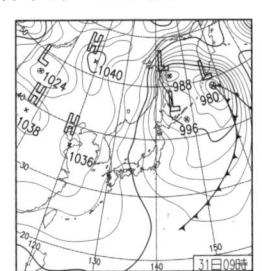 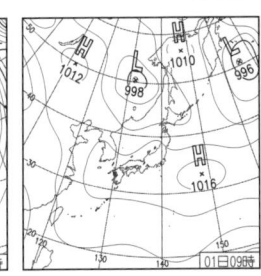 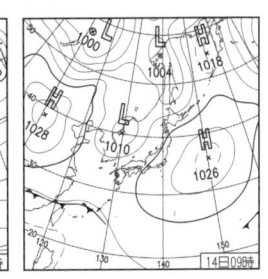

出典：気象庁「日々の天気図」(https://www.data.jma.go.jp/fcd/yoho/hibiten/index.html)

［手順］

① 気象庁のホームページを利用していろいろな季節の天気図を集める。

② 各季節の高気圧，低気圧の位置関係を調べる。

③ 自分の住む地域や関心のある地域の空港の各季節の風向きと着陸するコースを推定する。

(2) 対話で生徒の素朴な疑問を解消する

　各季節の天気図を見て，高気圧，低気圧の位置関係から，冬の西高東低，夏の南高北低，春秋の移動性高気圧などを学びます。そして，各季節の典型的な風向から，飛行機の着陸コースを推定します。着陸する方向によって見える景色に違いがあり，理科の学習が旅行の楽しみにつながるようにします。

生徒：冬は西高東低なので，北西の風。夏は南高北低なので，南風。高気圧の位置によっては，南西の風かな。

羽田空港付近の地図

教師：羽田空港の滑走路の向きはどうですか。

生徒：羽田空港は，すごいです。北北西から南南東方向の滑走路と，東北東から西南西方向の滑走路があります。東京湾の南の方からくる飛行機は，北風のときは，風に向かうように着陸するので，南側からそのまま着陸します。冬休みに私が乗ったときは，たぶんこのコースです。地図で考えると，ディ

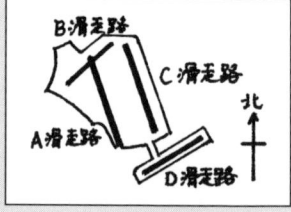

羽田空港の滑走路の向き

ズニーランドは右側になりますが，かなり遠いです。

教師：夏の南風のときはどうなりますか。

生徒：南風のときは，北側から着陸することになるので，東京湾の南側からやってきた飛行機は，向きをかえる必要があります。あっ！だから，ディズニーランドの方を通って向きを変えたのですね。だから姉は，ディズニーランドが近くに見えたのですね。

教師：よく調べましたね。

生徒：それから，着陸が難しい空港として八丈島空港が有名です。八丈島は都心から南に約300km のところにある外洋上の島です。空港

は, 2つの山に挟まれた平地に東西方向にあります。冬の北西の風, 夏の南西の風など, 西よりの風のときには, 東側から着陸すると思います。

教師：西側からはないのですか。

生徒：東風のときは, 西側から着陸すると思います。西側から着陸するときは, 八丈小島との間を飛行するのかな。あ, 春や秋のように移動性高気圧で,

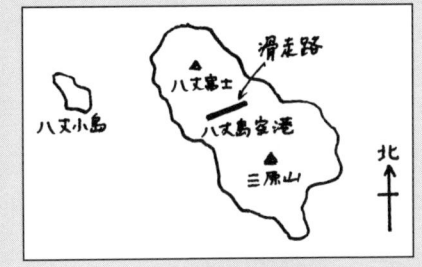

八丈島空港の滑走路

高気圧が東にあると, 東風になります。このときだったらラッキーだな。でも, 八丈島空港では, 北風や南風のときは, 滑走路に対して横方向から風が吹きます。着陸できるのかな。

教師：いろいろ調べて楽しくなってきましたね。そう。だから八丈島空港は, 着陸が難しく, 欠航することも多いです。風の他にも, 外洋にぽつんとある島なので, 水蒸気を含んだ空気が山に当たり, 霧が発生しやすいですしね。でも, ある程度の横からの風でも機体を斜めにして着陸することができるのです。

生徒：すごいです。難しそうです。

教師：羽田空港が, 向きが違う滑走路を持っているのは, できるだけ風を横に受けないで着陸するためです。しかし, そういう空港は, 日本では小型機用の大阪八尾空港の他にはありません。

生徒：飛行機の中では, 着陸するとき前からの景色が画面に映されていました。もしかしたら, 斜めだったのかも。

教師：羽田空港以外では, 斜めのことが多いかもしれません。

生徒：今度, 飛行機に乗るチャンスがあったら, 滑走路の向きや風向から, どんな景色が見られるか調べておこう！

どういうときに雪になるの？

素朴な疑問の場面

生徒：明日は，関東地方も大雪になるという予報が出ています。休校に
　　　なるのかな。

教師：日本海側の雪と比べるとたいしたことのない雪でも，関東地方で
　　　は，大雪ということになり影響が大きいですね。警報が発令され
　　　たら休校かもしれません。

生徒：関東地方は昨日まで晴れが続いていたのに，どうして明日は大雪
　　　という予報が出るのでしょうか。

教師：昨日までは，冬型の西高東低の気圧配置だったので，日本海側は
　　　雪，関東地方では，乾燥した晴天でした。ところが，日本列島の
　　　南側を沿って，西から前線を伴った南岸低気圧が関東地方に近づ
　　　いてきているのです。

生徒：西高東低は聞いたことがありますが，南岸低気圧が関東地方に雪
　　　を降らせるのですか。南だから暖かそうですけど…。

教師：そうです。でも，ちょっとずれたら，雪にはならず雨です。もっ
　　　とずれると，晴れて暖かい時間があるようになります。

生徒：なんだか全然わかりません。

教師：気象予報士にとっても関東地方にどの程度雪が降るかの予測は難
　　　しいそうです。とにかく雪の日の天気を調べてみましょう。

気象の単元では，高気圧，低気圧，前線のでき方と順々に学習し，これらの知識を活用しながら日本の各季節の天気の特徴を学習するのが一般的です。ここでは，「雪が降るかどうか」ということから，雪の日の天気図を調べ，その中に高気圧や低気圧，前線が出てくることなどの特徴を学んでいきます。

生徒の素朴な疑問に寄り添った指導の流れ

(1) 雪が降った日の天気図を調べる

［必要なもの］

・日本海側が雪の天気図　　　　　　・太平洋側が雪の天気図

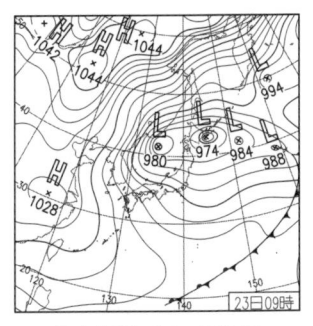 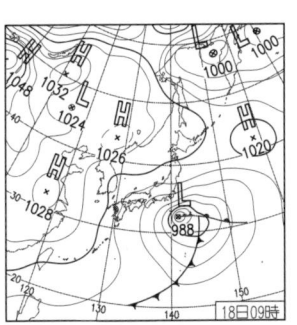

日本海側が雪の天気図　　　　　　　太平洋側が雪の天気図
令和4年12月23日　　　　　　　　　令和2年1月18日

出典：気象庁「日々の天気図」(https://www.data.jma.go.jp/fcd/yoho/hibiten/index.html)

令和4年12月23日

　　富山（日本海側）…雪時々曇，雷を伴う　最高気温3.2℃
　　　　　　　　　　　　最低気温−1.6℃

　　東京（太平洋側）…快晴　最高気温8.4℃，最低気温2.2℃

令和2年1月18日

　　富山（日本海側）…曇一時晴　最高気温8.5℃，最低気温1.6℃

　　東京（太平洋側）…雨時々みぞれ一時雪　最高気温7.2℃
　　　　　　　　　　　　最低気温1.5℃

[手順]

① 「日本海側が雪の天気図」「太平洋側が雪の天気図」で検索をして，両者の天気図を複数枚入手する。

② 天気図に出てくる高気圧，低気圧，前線の位置を確認する。

③ 高気圧，低気圧，前線ができる仕組みを調べる。

④ ③で調べたことと，雪が降ることを関連させて考える。

（2）対話で生徒の素朴な疑問を解消する

「どういうときに雪になるの？」という疑問を解き明かす形で，日本海側が雪のときの天気図と，太平洋側が雪のときの天気図を比べながら，高気圧，低気圧，前線のでき方を説明していきます。

生徒：日本海側が雪の天気図は，上下方向の線がかなり密集していて，西側に高気圧がいます。

教師：天気図上の線は等圧線で，密集している場所は風が強いです。高気圧と低気圧では，図１のような空気の流れができています。

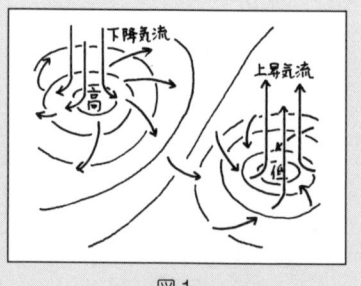

図1

生徒：地上付近では，高気圧の方から低気圧の方に渦を巻くように風が吹くのですね。

教師：はい。気圧が低い方に向かって風が吹きます。

生徒：ということは，日本海側が雪の天気図からは，北西の風が強かったことがわかりますね。

教師：その通りです。その北西の風が，図２のように山を越えるときに日本海側に雪を降らし，関東などの太平洋側の地域を乾燥した晴天にしているのです。この北西の風は，シベリア気団と言われ，

冬将軍とも言われます。これは，日本の北西にある高気圧が発達するほど強くなります。

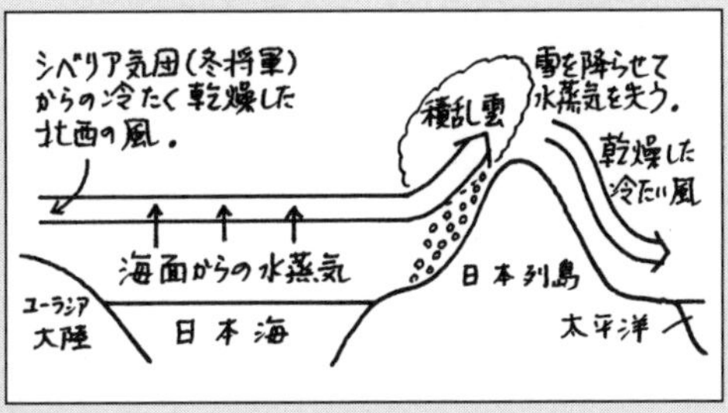

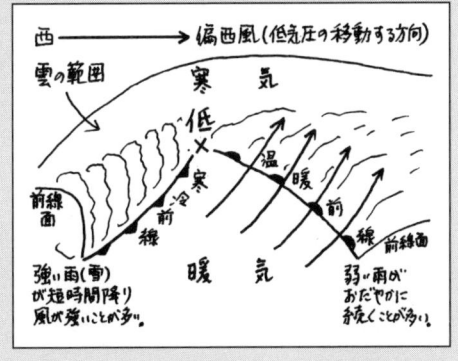

図2

生徒：これが，西高東低の冬型の気圧配置ですね。太平洋側に雪が降る場合は，日本の南岸に前線を伴った低気圧がいます。

教師：低気圧は，まわりから空気を集めて上昇気流ができているところなので，日本のような温帯の地域では，暖かい空気と冷たい空気がぶつかりやすいです。このぶつかる様子が図3です。太平洋側で暖かい空気に含まれていた水蒸気が冷たい空気に冷やされて氷の粒や水滴になるので，前線面には雲ができます。

図3

生徒：その雲から雨が降るのですね。そして気温が低いと雪ですね。

教師：関東地方に雪が降るのは，この前線を伴った低気圧が都心から南に約300km の八丈島付近を通過する場合が多いとされています。

生徒：でも，大きく北よりのコースをとったら，前線に囲まれた暖かくて晴れの範囲に入ってしまいます。

教師：よく気が付きました。関東地方に雪が降る予報は難しいのです。

生徒：日本海側の雪と太平洋側の雪が別物であることがわかりました。

赤と白の花からピンクの花はできないの？

素朴な疑問の場面

生徒：メンデルの法則を学びました。「まる」の種子と「しわ」の種子を掛け合わすと，「まる」になる遺伝子は顕性なので，全て「まる」になります。でも，まるいけどちょっとしわの種子はできないのですか。

教師：「まる」と「しわ」は対立形質なので中間的なものはできません。

生徒：そうですか。ヒトにも対立形質はありますか。

教師：あります。例えば，つむじがどちらまわりか，手を組むときにどちら側の手が上になる方が自然に感じられるかも対立形質です。

生徒：確かに，今の例では，右か左かですから，中間的なものはないのはわかります。でも，同じ種類の植物なのに，赤，ピンク，白とあるのはどうしてなのでしょうか。

教師：そうですね。3種類あることも遺伝の法則で説明できるのです。

生徒：えーっ。

教師：対立形質は，顕性，潜性の2つの遺伝子があることです。でも，2つの遺伝子の顕性がはっきりしないとどうなりますか。あるいは，対立形質が2つではなく3つ以上あったらどうなりますか。中学校では最も単純な例をやっているのです。

生徒：なんだか難しそうですね。

中間的な形質が現れないのかは，誰もが思う疑問です。これは，高校の生物で扱う「不完全顕性」や「複対立遺伝子」によるものです。このことについてわかりやすく考えていきます。

生徒の素朴な疑問に寄り添った指導の流れ

(1) 遺伝子の記号を当てはめて考えてみる

・赤と白の花からピンクの花ができる例

対立する遺伝子同士の顕性，潜性関係が不完全のため，中間的な形質が現れる。

遺伝子の記号：R…赤色，r…白色
RR は赤色の花，Rr はピンクの花，rr は白色の花になるとする。

親の代　　RR…赤色　×　rr…白色

	R	R
r	Rr	Rr
r	Rr	Rr

子の代　　Rr…全てピンク

孫の代　　Rr…ピンク　×　Rr…ピンク

	R	r
R	RR	Rr
r	Rr	rr

（自家受粉）

RR…赤，Rr，Rr…ピンク，rr…白
1 対 2 対 1 の割合で出現

・葉の形が３種類できる例

　３種類の形になる遺伝子 A，a，a' があるとする。

A…葉の形が３つに割れている（顕性）

a…葉の形が５つに割れている（A に対して潜性）

a'…葉の形がとんがっている（A に対しても a に対しても潜性）

AA，Aa，Aa'…３つに割れる

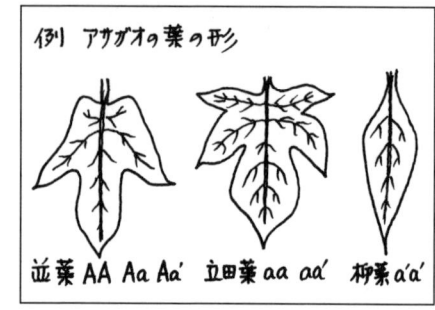

例　アサガオの葉の形

並葉 AA Aa Aa'　　立田葉 aa aa'　　柳葉 a'a'

aa，aa'…５つに割れる

a'a'…先がとんがる

親の代	AA…３割れ	aa…５割れ	a'a'…とんがり
	AA × aa	AA × a'a'	aa × a'a'
子の代	全て Aa…３割れ	全て Aa'…３割れ	全て aa'…５割れ

（自家受粉）

孫の代

	A	a
A	AA	Aa
a	Aa	aa

AA, Aa, Aa

　　…３割れ

aa…５割れ

	A	a'
A	AA	Aa'
a'	Aa'	a'a'

AA, Aa', Aa'

　　…３割れ

a'a'…とんがり

	a	a'
a	aa	aa'
a'	aa'	a'a'

aa, aa', aa'

　　…５割れ

a'a'…とんがり

(2) 対話で生徒の素朴な疑問を解消する

　このように，遺伝子の記号を当てはめれば，中間的な形質が現れたり，3種類の形質が現れたりすることを確かめることができます。やや複雑ですが，2種類の対立形質の組み合わせ方と同じ方法でできることがわかります。

生徒：遺伝子の記号を当てはめると中間的な形質が現れることと，3種類の形質が現れることが確かめられますね。

教師：そうですね。記号を使うのは難しそうに感じるかもしれないけれど，記号を使うことでわかりやすく説明できます。

生徒：遺伝の法則を記号を使って数学みたく導くのはすごいと思います。

教師：このやり方は，メンデルが様々な種類のエンドウを使って長年の研究から見いだしたんだ。でも，この記号を使うやり方が斬新すぎて，はじめは誰も理解できなかったんです。

生徒：メンデルは，さぞ悔しかったのでしょうね。

教師：そうだろうね。メンデルの研究が評価されたのは，1900年で，発表から35年後です。メンデルが亡くなってから16年後です。

生徒：そうですか。遺伝の研究と言えば，たくさんの記号の組み合わせをコンピューターを駆使して求めている様子をテレビで見たことがありますが，メンデルの研究が基礎になっているんですね。

教師：現在の生物の研究では，コンピューターに向かって計算することの方が多くなっているかもしれません。しかしながら，生物に興味をもつ人たちの多くは，子供のころから，生き物が好きで，動物や植物をかわいがり，育ててきたと思います。コンピューターを駆使することが多くなっても，生物の研究をする人たちには，生物を愛する気持ちを忘れてほしくないです。

生徒：そうですね。メンデルもきっと愛情をこめてエンドウを育てていたのでしょうね。

いろいろな形の葉があるのはなぜ？

素朴な疑問の場面

生徒：いろいろな形の葉がありますよね。どうしてこんなにいろいろな
　　　形をしているのですか。

教師：理科の授業では，被子植物の葉は，葉脈が平行のものと網状のも
　　　のがあることを学びました。葉脈は水分の通り道で，葉を丈夫に
　　　するはたらきがあります。

生徒：はい。単子葉類と双子葉類ですね。観葉植物には，穴の開いた葉
　　　や先がとがった葉の植物があるのですが，観賞用にあのような植
　　　物をつくりだしたのでしょうか。

教師：そんなことはないと思いますよ。観葉植物にしている植物は熱帯
　　　雨林の植物が多いです。では，熱帯雨林とはどのような気候なの
　　　でしょうか。

生徒：赤道近くの地域で，高温で多湿です。そうそう，スコールという
　　　激しい雨が毎日，夕方降るそうです。

教師：それでは，スコールの様子の映像を見てみましょう。

　　　　　　　スコールで検索して動画を見る。

生徒：雨や風がすごく激しいですね。植物はこれに耐えるのですね。

観葉植物になっている植物には熱帯雨林のものが多いです。これらは，熱帯雨林の気候に適した形をしています。葉に穴が開いている植物や葉の先がとんがっている植物を使って簡単に調べてみましょう。

生徒の素朴な疑問に寄り添った指導の流れ

(1) 観葉植物の葉に雨を降らして葉の上の水の流れを観察する

［必要なもの］

・葉の先がとんがったツピタンサスや葉に穴の開いたモンステラなど

・シャワー付きホース

［手順］

① 右図のように植物にシャワー付きホースで水をかける。

② 水をかけている間の葉の上の水の流れ方を観察する。

③ 水を止めた後の葉の上の乾き方を観察する。

(2) 葉のスケッチをして，(1)の観察の様子を書き込んでおく

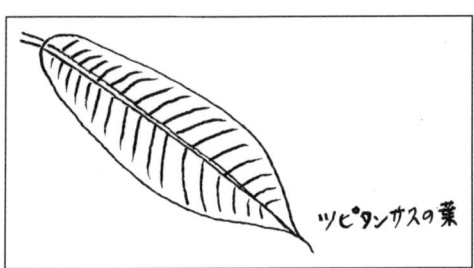

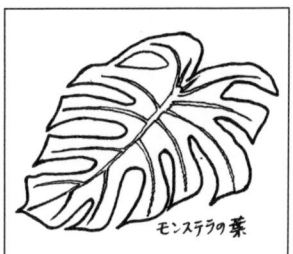

この観察から，葉に穴が開いていれば，風雨が通り抜けることや，先がとんがっていれば葉の上の水が流れやすいことに気付きます。また，葉がつるつるしているので，水をよくはじき，すぐに乾いた状態になります。

　観葉植物の状態ではわかりませんが，熱帯雨林の植物として，気候や環境に適応するようになっていることを発見できます。

(3) 対話で生徒の素朴な疑問を解消する

生徒：葉に穴が開いていたり，先がとんがっていたりするのは，スコール対策だったんですね。観葉植物の状態ではわかりませんね。

教師：それだけではありません。熱帯雨林は，高温多湿です。様々な菌類が繁殖しやすい環境です。葉の上がいつまでもじめじめしていたらどうなりますか。

生徒：もしかして，葉の上に菌類が繁殖するのですか。

教師：そうです。そうなったら，その植物の葉は光が当たらず光合成できません。

生徒：そうしたら枯れてしまいますね。だから葉がつるつるしているのですね。観葉植物だからキレイなのだと思っていました。家の中にいるのでは，本来のはたらきがわかりません。でも，熱帯は日差しが強いので，家の中より光合成はさかんにできそうです。

教師：いやいや，そうとも限りません。熱帯雨林の中は意外と暗いそうです。赤道付近は，太陽高度が高いので日光は真上から降り注ぎます。そのため，上をふさがれたら光は下に届きません。

生徒：なるほど，葉に穴が開いていれば，下の葉にも光が届きますよね。

教師：熱帯雨林の植物たちは，日光の奪い合いをしているのです。高く伸びる植物もあれば，つるを伸ばして，高い植物に巻き付いて高い位置で日光を受けようとしている植物もあります。高い植物は，

60m にも達するそうです。

生徒：それで，観葉植物には，つる性植物が多いのですね。本来は，高い植物に巻き付いていたのですね。高い植物は，根を地下深く張り巡らせて，丈夫にして，土の中の養分を集めているのでしょうね。

教師：いや，そうでもないのです。熱帯雨林の地面は，落葉によって葉が腐り腐葉土になりにくいです。そもそも落葉は少なく，毎日のスコールで流されてしまいます。ですから，熱帯雨林の土壌は痩せているのです。植物は，根を張り巡らせて養分を集めるより，とにかく日光が必要なのです。また，

板根　フタバガキ

根を深く張る代わりに，右図のように「板根」といって地上に板状の支えのようなものをもっている植物もいます。

生徒：いろいろ熱帯雨林について意外なことを知りました。

教師：まだまだ，興味深いことはたくさんあると思います。ぜひ，熱帯植物園に行って見てきてください。それから，熱帯雨林の土壌は薄いので，洪水や津波などで多くの植物を失うと，雨に土壌が流されていまい，砂漠化してしまいやすいです。熱帯雨林は，大切な酸素の供給源です。私たちの生態系は，たくさんの不安材料を抱えているのが現状だと思います。

人類はどうして増え続けられるのかな？

素朴な疑問の場面

教師：下図のように草食動物と肉食動物はある範囲内での増減を繰り返
しながら，つり合いを保っています。

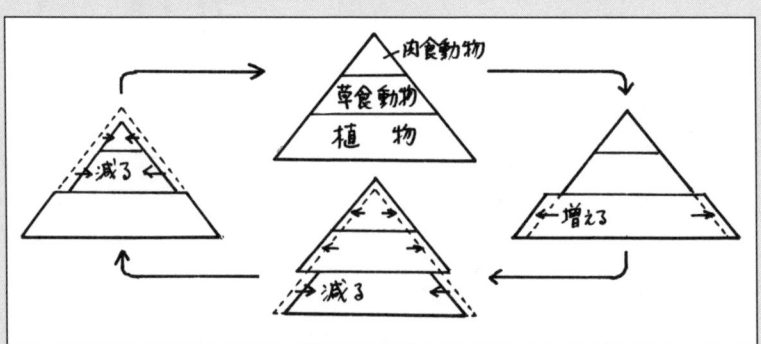

生徒：ある範囲とはどれくらいなのでしょうか。

教師：生き物が生きていくには必要な面積があるはずで，その生物に適
した土地の面積が限られるので，面積が数の上限に関係している
と思います。

生徒：では，どうして人類はこれまで増え続けているのでしょうか。一
気に減るときがくるのかな。

　生物間の数の変化について，草食動物と肉食動物の関係ということで，丸型磁石を肉食動物，クリップを草食動物，画用紙を草原にした，シミュレーション実験をして，体験してみましょう。

生徒の素朴な疑問に寄り添った指導の流れ

（1）草食動物と肉食動物の数の変化のシミュレーション実験を行う

［必要なもの］

・クリップ　　　　　　　　　　　　・フェライト磁石（丸型磁石）

・画用紙

斜面からクリップを　　草食動物の縄張り　　　　クリップ
狙って磁石を転がす　　（クリップを並べる）　　（小型の13番を使用）

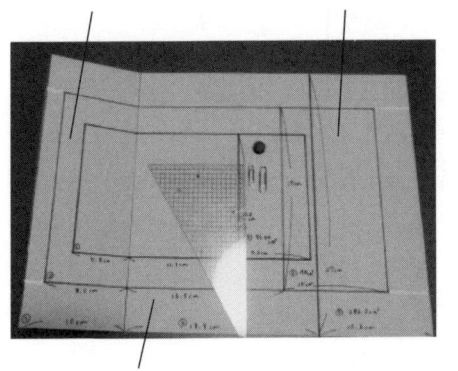
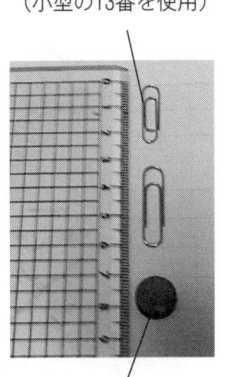

小中大3種類の面積を設定
（面積比1：2：3）

フェライト磁石
（直径13mm，厚さ4mm）

［手順］

① 草食動物はクリップ，肉食動物は丸型磁石とする。

② 草食動物（クリップ）を縄張りに並べる。肉食動物（丸型磁石）を斜面から転がしクリップを狙い，くっついたクリップは食べられた草食動物とする。

③ 草食動物は20匹，肉食動物は２匹の状態から始める。生き残った草食動物は次の年に数が２倍になる。草食動物を３匹以上食べた肉食動物は生き残り，次の年に数が２倍になる。

④ 動物の縄張りの面積を大，中，小の３種類にして実験する。

［結果例］

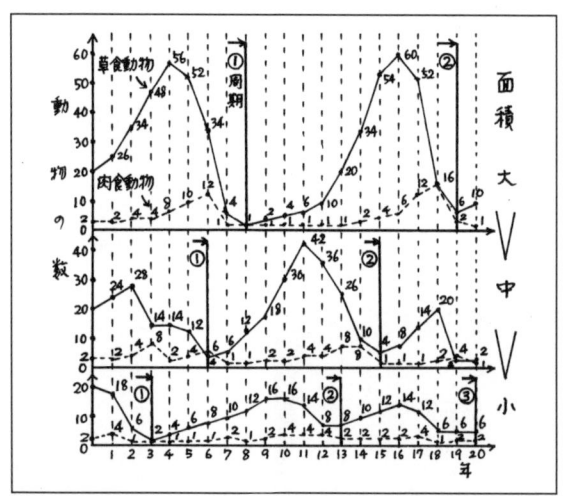

(2) 対話で生徒の素朴な疑問を解消する

右図は，自然界での草食動物と肉食動物の数の変化です。今回行った実験結果は，自然界の例と同様の傾向が得られています。面積を狭くすると，最大の数が少なくなり，増減の周期が短くなります。自然界でも，成育できる面積に限りがあることを考えれば，同様の傾向になるのではないかと思います。また，増えるときよりも減るときの方が急なようです。

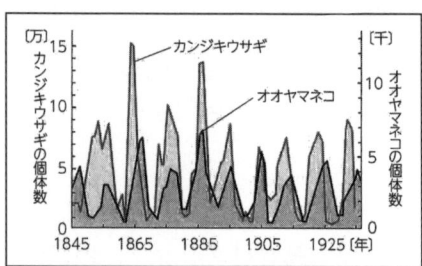

ある地域でのオオヤマネコとカンジキウサギの個体数の変化（1845年〜1935年）
出典：新興出版社啓林館『未来へ広がるサイエンス3』

生徒：こんな簡単な実験で自然界に近い傾向がわかりすごいですね。

教師：では，どうして人類は増え続けているのでしょうか。人口の変化の図から考えましょう。

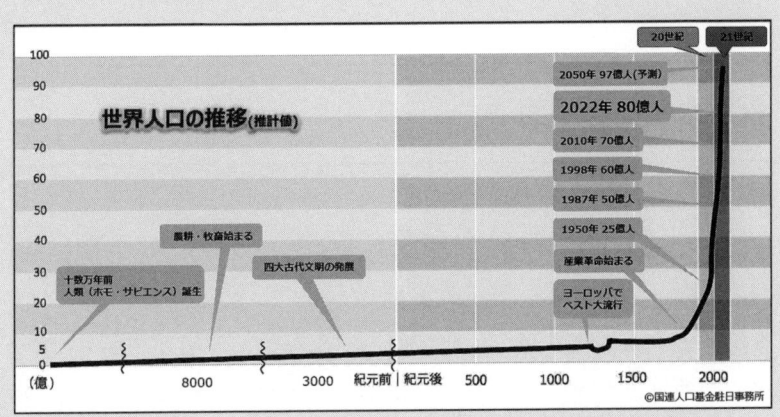

出典：国連人口基金駐日事務所ホームページ

生徒：人類の数は，長い間，今よりずっと少ない数だったのですね。

教師：地球上で，人類が生活するのに適した場所は限られていたと思います。

生徒：急に増えたのは最近のことです。

教師：そうですね。人類の文明が高度に発達して，自然を克服したり変えたりする力をもってからです。

生徒：今や人類は地球上のほとんどの場所に住んでいます。生活する場所を自らの力で増やしていったから，数が増えたんですね。

教師：そうだと思います。寒い場所にも高い場所にも住んでいます。

生徒：では，これからも住める場所を増やせば，数は増えていくことになります。

教師：でも，いつかは限界がくるのではないでしょうか。

生徒：そのときは…。

イオン飲料って何？

素朴な疑問の場面

生徒：運動をするときは，スポーツドリンクを飲むとよいと言われます
　　　が何が入っているのですか。

教師：ラベルをよく見てください。どんなことが書いてありますか。

生徒：清涼飲料水，イオンサプライ，あと化学記号に＋やーがついてあ
　　　るのが書いてあります。

教師：清涼飲料水は，乳酸菌飲料や牛乳以外のアルコール分を含まない
　　　飲み物を指します。イオンとは，電気を帯びた原子，サプライは，
　　　供給です。電気を帯びた原子を供給するアルコールの入っていな
　　　い乳製品ではない飲み物ということになります。

生徒：イオンサプライというと体によさそうですが，電気を帯びた原子
　　　を飲むと思うと大丈夫かなと思います。

教師：とにかく，スポーツドリンクには，電気を帯びた原子が含まれて
　　　いるのです。それ以外でも，含まれている飲み物もあるし，含ま
　　　れていない飲み物もあります。

生徒：その電気を帯びた原子が含まれているかどうかは，どのように調
　　　べればよいのでしょうか。

教師：液体中を電流が流れるならば含まれています。

生徒：いろいろやってみよう。

　家庭にあるような飲み物や食塩水，砂糖水などに同じ電圧で電流を流して電流値を測定します。電圧を同じにするのは，電流を流そうとするはたらきを統一するためです。電源には，手回し発電機を使います。測定値の精度は下がりますが，同じ電圧でも，よく電流が流れるほど手ごたえが重くなるので，感覚的にも理解しやすいです。また，イオンは，中学3年の内容ですが，手回し発電機，電流計，電圧計を使うことで，中学2年の電流回路の既習内容の活用ができます。

生徒の素朴な疑問に寄り添った指導の流れ

(1) いろいろな水溶液に電流を流す

［必要なもの］
　・いろいろな水溶液
　・手回し発電機
　・H形ステンレス電極
　・BTB溶液
　・電流計
　・電圧計
　・クリップ付き導線

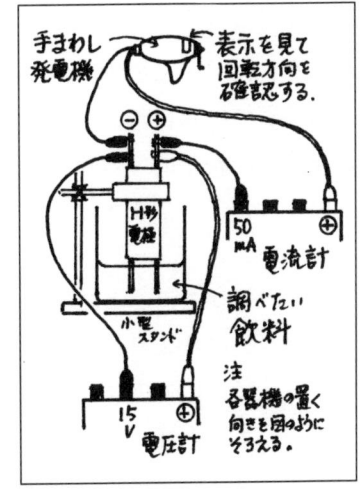

［手順］
① いろいろな水溶液を用意する。
② 水溶液の味を確認し，BTB溶液を入れて酸性かアルカリ性か中性かを調べる。
③ 図のように回路を組み立てる。
④ 電圧を5Vにしたときの電流値を測定し，手回し発電機の手ごたえを記録する。

　※注意：電流を流した後の液は絶対に飲まない。

[結果例]

	食塩水 3%	砂糖水 3%	にがり	炭酸飲料	スポーツ ドリンク	経口 補水液
味	塩味	甘味	苦味	甘味と酸味	甘味と塩味	塩味
BTB	中性	中性	アルカリ性	酸性	酸性	酸性
電流(A)	0.2	0.0	0.2	0.004	0.01	0.04
抵抗(Ω)	25	∞	25	1250	500	125
回し加減	手応え あり	空回り	手応えあり	軽い	少し手応え あり	手応え あり

(2) 対話で生徒の素朴な疑問を解消する

　酸味は酸性，苦味はアルカリ性であることから，水素イオンや水酸化物イオンを含んでいるので，電流が流れます。中性のものは，食塩のように電離する物質では水に溶けると電流が流れますが，そうでない砂糖では電流は流れません。科学的ではないかもしれませんが，味と結びつけながらイオンについて考えていきます。

生徒：酸味と苦味と塩味があるものは電流が流れるのですね。
教師：それらには，共通点があります。酸味があるものは，酸性でした。酸性のものは，水素原子が電気を帯びた水素イオンを含んでいます。苦味があるものはアルカリ性です。これは，酸素と水素が結びついて電気を帯びた水酸化物イオンを含んでいます。また，塩味のものは，食塩＝塩化ナトリウムですから，ナトリウム原子が電気を帯びたナトリウムイオン，塩素原子が電気を帯びた塩化物イオンが含まれています。イオンがあると電流が流れます。
生徒：イオンサプライとラベルに書いてあったスポーツドリンクには電

流が流れるので，イオンを含んでいることがわかるのですね。さらに，経口補水液は，スポーツドリンクより，電流が多く流れました。これは，スポーツドリンクよりさらにたくさんイオンを含んでいるということですね。それから，炭酸水もイオンを含んでいるのですね。炭酸水もイオンサプライになりえるのかな。

教師：炭酸水は，二酸化炭素が水に溶けたものです。二酸化炭素は，温度が低いほどたくさん水に溶けて，温度が上がると溶けきれなくなった分が二酸化炭素として発生してしまいます。

生徒：冷たいときは，イオンをたくさん含んでいるけど，体内に入れて温まったら体内で二酸化炭素が発生してしまいます。スポーツには向かなさそうですね。

教師：ところで，手回し発電機の手ごたえはどうでしたか。

生徒：電流が多く流れるものほど手ごたえがありました。そして，同じ電圧で，電流が大きいということは抵抗が小さいことになります。でも，砂糖水では空回りで，電流計の針もふれませんでした。

教師：水に溶かすと電流が流れる物質を電解質と言います。砂糖は，電解質ではないので，水に溶けてもイオンを含みません。だから，電流が流れなかったのです。電流を流そうとして電圧をかけているのですが，電流が流れないので，手回し発電機は空回りするのです。抵抗値は，電流を妨げる値ですから，流れないということは，抵抗は∞ということになります。

生徒：なるほど。ところで，電解質は，なぜ水分補給によいのですか。

教師：汗をかくと体から電解質が出てしまうので，それを補充する必要があります。汗は，しょっぱいですよね。

生徒：あっそうですね。だから，スポーツドリンクや経口補水液は，電解質を溶かして，イオンを含ませているのですね。

生活
学習
社会

pHってどうして中性が7なの？

素朴な疑問の場面

教師：酸性，中性，アルカリ性を数値で表す方法として，水素イオン濃度 pH があります。数値が7のとき中性で，小さければ酸性で，大きければアルカリ性です。

生徒：pH はどうやって測定するのですか。

教師：pH 試験紙の色で判定できます。また，pH 計という体温計に似た形の装置ではデジタルで数値を表示します。

生徒：便利ですね。pH が1違うと濃度はどれくらい違うのですか。

教師：数値が1小さくなると水素イオンの濃度が10倍濃くなります。

生徒：濃度は％で表すものだと思っていましたが，数値が1の違いで10倍という方法もあるということですね。でも，小さいほど濃いというのは，ややこしいですね。それに，そもそもなんで7が中性なのですか。pH は水素イオン濃度ということでした。水素イオンは酸性の水溶液に含まれているものですから，中性なら水素イオン濃度は0のはずだと思います。

教師：実は，純粋な水の水素イオン濃度が7なのです。

生徒：えーっ。数値が小さいと10倍濃いとか，純粋な水が7とかわかりません。詳しく教えてください。

報道の中でも，環境問題と関連して，酸性雨を pH で表すことがよくあります。pH は義務教育である中学校でも 7 が中性で，数値が小さいほど酸性度が強いことは扱うので，「みんなが知っていること」になっているのでしょう。しかし，なぜ，数値が 1 違うと10倍違うのか，なぜ中性が 7 なのかは，高校の化学で扱うことなので多くの人が理解しているとは思えません。そこで，中学生でも理解できるような説明を考えてみました。

生徒の素朴疑問に寄り添った指導の流れ

(1) できるだけ基本から説明する

① 原子とは

　全ての物質は，どんどん細かくしていったとき，これ以上小さくできない「原子」という最小の粒になる。

② 原子の質量とは

　「原子」には，質量がある。最も質量が小さい原子は水素原子である。原子の質量は，炭素原子の質量を12としたときを基準とした数値で表していて，1番軽い水素原子は 1 で，酸素原子であれば 8 である。この数値には，単位がなく，炭素原子の質量を12としたときの比である。

③ 小さい数や大きい数の表し方

　非常に小さい数や大きい数を扱うときには，右のような 0 の数を省略するために次のような表し方をすることになっている。

$1000 = 1.0 \times 10^3$	…1 のあとの 0 が 3 こ
$100 = 1.0 \times 10^2$	…1 のあとの 0 が 2 こ
$10 = 1.0 \times 10^1$	…1 のあとの 0 が 1 こ
$1 = 1.0 \times 10^0$	…1 のあとの 0 が 0 こ
$0.1 = 1.0 \times 10^{-1}$	…小数点移動が 1 ケタ
$0.01 = 1.0 \times 10^{-2}$	…小数点移動が 2 ケタ
$0.001 = 1.0 \times 10^{-3}$	…小数点移動が 3 ケタ

④ 濃度を原子の集まり mol で表す

　原子の質量は非常に小さい。原子の質量は，炭素原子の質量を12としたときを基準にしている。炭素12g のときの炭素原子の数は，6.02×10^{23}個ということがわかっている。そこで，6.02×10^{23}個の原子の集ま

りを1molとして，これを物質量とする。

このことから，水素原子1gには，6.02×10^{23}個の原子があることになる。6.02×10^{23}をアボガドロ数という。

この1mol，6.02×10^{23}個の原子の粒が1L中にあれば，濃度は，1mol/Lと表す。

⑤ 純粋な水にも含まれる水素イオン

・イオンは，電気を帯びた原子や原子同士が結びついたものである。

・水溶液中には，＋の電気を帯びた陽イオンと－の電気を帯びた陰イオンが同数含まれている。

・イオンが含まれる水溶液には電流が流れる。

・水素イオン H^+ は酸性を示し，水酸化物イオン OH^- はアルカリ性を示す。両者は結びついて H_2O になる。

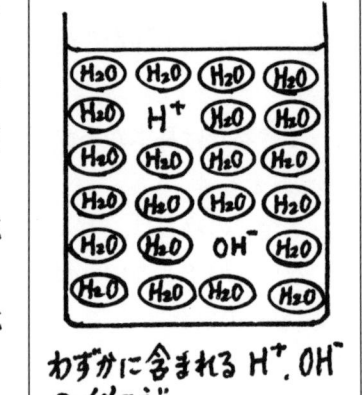

わずかに含まれる H^+，OH^- のイメージ

・H^+ と OH^- が同数ならば，全て結びついて H_2O になるので水の中にイオンは含まれず，中性になり，水に電流は流れないという説明を受けた。

・ところが，実は，純粋な水の中にも，結びつかずにイオンで存在する H^+ と OH^- があり，水は中性なので，両者は同数である。

・その数がそれぞれ1L中，1.0×10^{-7}個である。

・濃度にすると1.0×10^{-7}mol/L。

・pH7が中性であるゆえんが，この－7である。

（2）対話で生徒の素朴な疑問を解消する

　pH のことを説明すると上記のようになりました。アボガドロ数や mol といった高校の内容にも触れていますが，純粋な水の中にも僅かに水素イオンと水酸化物イオンが同数存在していて，その濃度が pH 7 が中性であることのゆえんであることが伝わればよいのではないかと思います。

生徒：アボガドロ数とか mol とか出てきて，なんだか難しいです。

教師：高校の化学で使う基本的な単位です。

生徒：10^{23} とか 10^{-7} とかいうのも慣れないと難しいです。ただ，0 をたくさん書かなくてよいので便利なことはわかりました。

教師：慣れれば便利です。地球上の大気圧 1013hPa は，101300N/m^2 になりますが，1.013×10^5N/m^2 と表すことができます。また，×の記号の前の数字が何ケタあるかによってその数値の精度を表すこともできます。

生徒：pH は結構，一般に使われていることなのに，知らないことだらけです。イオンが含まれないので電流が流れないと説明されてきた水に，わずかに水素イオンと水酸化物イオンがあって，その濃度が pH 7 のゆえんになっているのには驚きました。

教師：そうですね。あと下に身近な水溶液の pH をあげておきました。あくまでも，pH が 1 違うと濃度が 10 倍違うのですよ。

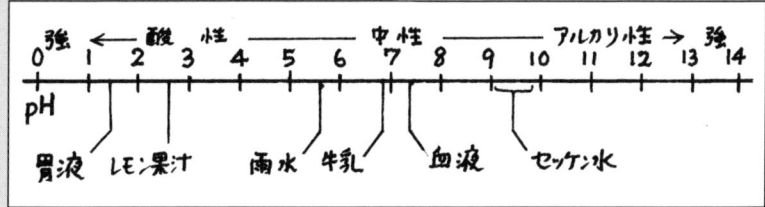

胃の検査で飲むバリウムって何？

素朴な疑問の場面

生徒：私の親が胃の検査でバリウムを飲みました。白いドロドロしたものだそうです。検査後，便になって出てきたそうです。私も将来飲むのかな。

教師：それは，硫酸バリウムのことです。胃のエックス線写真を撮るために飲むのです。

生徒：エックス線写真って，骨折しているかどうか調べるときに使うものですよね。胃には骨はありませんよ。

教師：そうですよ。胃はそのままでは，エックス線が通過してしまうので写真には写りにくいのです。そこで，エックス線を通さないようにするために硫酸バリウムを飲んで，胃が写真に写るようにするのです。こういうものを造影剤と言います。

生徒：なるほど。でも，そんなものを飲んで大丈夫なのですか。

教師：中学校３年生の中和反応でも扱うものです。中性で水に溶けません。でも…。

生徒：でも…って何ですか。

教師：水に溶けないので，腸の中で固まるとやっかいかもしれません。

生徒：そういえば，下剤をもらっていました。

教師：とにかく，硫酸バリウムについて調べてみましょう。

　生徒が関心をもつ要素として，身近にあってちょっと知っているけどよくわからないもの，大丈夫なのか不安なものなどがあります。硫酸バリウムができる反応は，中和反応で，硫酸と水酸化バリウムの反応です。硫酸を使うというと危なそうです。そして，反応してできる物質は，胃の検査で飲まれているものです。わくわく感と慎重にやらないといけないという緊張感のある実験になります。また，硫酸バリウムは水に溶けないので，中和した時点で液中に電流が流れなくなります。その測定のために，電流計や電圧計を使い，既習内容の活用もします。

生徒の素朴な疑問に寄り添った指導の流れ

(1) 硫酸と水酸化バリウムの中和反応の実験を行う

［必要なもの］

- ・硫酸
- ・水酸化バリウム
- ・駒込ピペット
- ・手回し発電機
- ・電流計

- ・電圧計
- ・H形電極
- ・ワニ口クリップ付きリード線
- ・ろうと
- ・ろ紙

［手順］

① 水に水酸化バリウムを沈殿ができるまで加える。

② ①をろ過して得た透明なろ液 20cm^3（水酸化バリウム飽和水溶液）にBTB溶液を加え，青色にしておく。

③ 体積比で濃硫酸を水で約1：35に薄めた5％の希硫酸をさらに

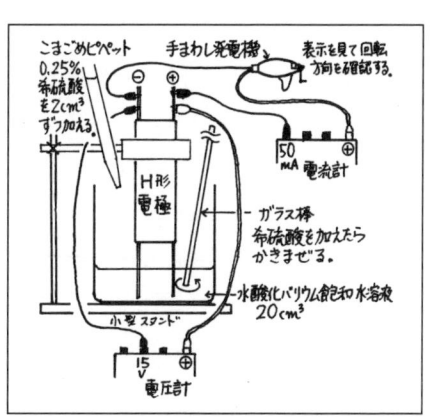

図1

20倍に薄めて0.25％の希硫酸をつくる。

④　②の中に電極を入れ，手回し発電機，電圧計，電流計をつなぐ（図１）。

⑤　②の水酸化バリウム飽和水溶液に③の0.25％の希硫酸を２cm³ずつ滴下していく。

⑥　滴下するごとに，手回し発電機を回し，約３Ｖのときの電流値を測定する。

⑦　加えた希硫酸と電流値の関係のグラフを作成する（結果例は図３）。

(2) 対話で生徒の素朴な疑問を解消する

　この実験は，イオンの学習の終わりの方で扱う反応です。これまでに学習した，「電解質とは」「イオンとは」を確認しながらこの実験結果を考えます。

生徒：硫酸は本当に薄くして使いましたね。

教師：硫酸は強い酸だからね。濃硫酸は密度が大きいです。

生徒：そうですね。500cm³入りの濃硫酸の瓶を持たせてもらったけれどすごく重かったです。

教師：濃硫酸は密度が大きいのです。

生徒：水酸化バリウムの飽和水溶液が，置いておくと白く濁ってきました。

教師：それは，二酸化炭素と反応して炭酸バリウムができてしまっているのです。

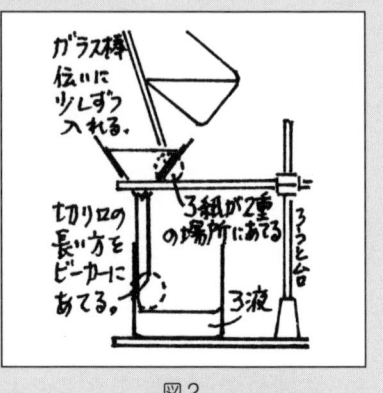

生徒：だからろ過したのですね。久しぶりにろ過をしました。ろ紙が重なっているところにガラス棒をあてるのでしたね。（図２）

教師：よく覚えていましたね。

図２

生徒：そして，２種類の透明
　　　な液体から白い沈殿，
　　　硫酸バリウムができま
　　　した。手回し発電機の
　　　手ごたえがだんだん軽
　　　くなって，電流計の値
　　　が０に近づいていきま
　　　した。そして，硫酸を
　　　さらに加えるとまた，

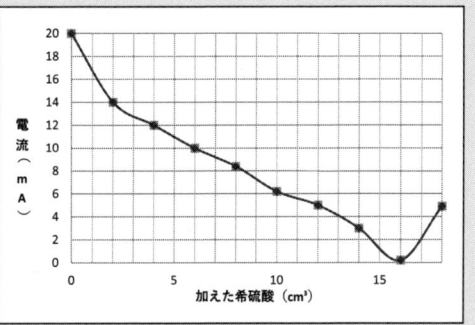

図３　加えた希硫酸と電流値

電流計の数値が上がり，手回し発電機の手ごたえも重くなってき
ました。本当に反応していることが実感できました。

教師：硫酸は酸なので水素イオンを含みます。水酸化バリウム水溶液は
　　　アルカリなので水酸化物イオンを含みます。イオンがあるという
　　　ことは電流が流れる水溶液，電解質水溶液です。しかし，硫酸バ
　　　リウムは，水に溶けないため，イオンができません。完全に中和
　　　した状態では，残りは水ですから，電流は流れなかったのです。
　　　硫酸バリウムは，中性の塩で，水にほとんど溶けず，体に吸収さ
　　　れることもないので，造影剤として使われているのです。この他，
　　　石灰水に二酸化炭素を入れると白く濁るのも，石灰水（水酸化カ
　　　ルシウム・アルカリ）と炭酸水（二酸化炭素・酸）が反応して水
　　　にほとんど溶けない炭酸カルシウム（塩）ができたためです。

生徒：小学校以来やっていた石灰水が白く濁る反応は，酸とアルカリの
　　　反応で，塩ができていたとは知りませんでした。

ケーブルカーはどうして２台あって真ん中ですれ違うの？

素朴な疑問の場面

生徒：この前，ピクニックに行ったとき，ケーブルカーに乗りました。下から上っていくと真ん中で上から降りてきたのとすれ違いました。上から降りてきたのには，お客さんがいませんでした。私たちの乗っている上りは，これからピクニックに行く人たちで満員でしたが，この時間に帰る人はいないのでしょう。２台動かすのはもったいないと思いました。

教師：いやいや，ケーブルカーは，２台１組で，この２台はケーブルでつながっています。１台だけ動かすことはできません。

生徒：だから，ケーブルカーって言うのですね。どうして２台つながってないといけないのですか。それから，上に行くほど車体が上向きになってくる感じがしたのですが，気のせいでしょうか。

教師：ケーブルカーは，２台をケーブルでつなぐことで必要な力を小さくしています。上に行くほど車体が上向きになることに，よく気が付きましたね。上に行くほど勾配をきつくしているのです。このことで，下から上まで，なるべく一定の力で登れるようにしています。

生徒：重い車体が２台の方が小さい力で登れる。上の方の勾配がきついと力が一定…。なんでなんだろう？

上の駅や下の駅でケーブルカーが2台並んでいるのを見たことはないはず
です。上の1台にかかる重力を利用して，下の1台が上るための力を小さく
しています。また，下の図のように2台のケーブルカーをつなぐケーブルの
長さは，下の駅から上の駅の距離に加えて機械を通す分の長さがあります。
ケーブルカーが下にあるときは，引き上げるケーブルの長さが長いのでケー
ブルの重さは大きくなりますが，上に行くに従い，引き上げるケーブルの長
さは短くなり，ケーブルの重さは軽くなっていきます。上ほど勾配をきつく
しているのは，引くケーブルの重さの変化に対応するためです。これらのこ
とを一般的に学習する内容で説明してみましょう。

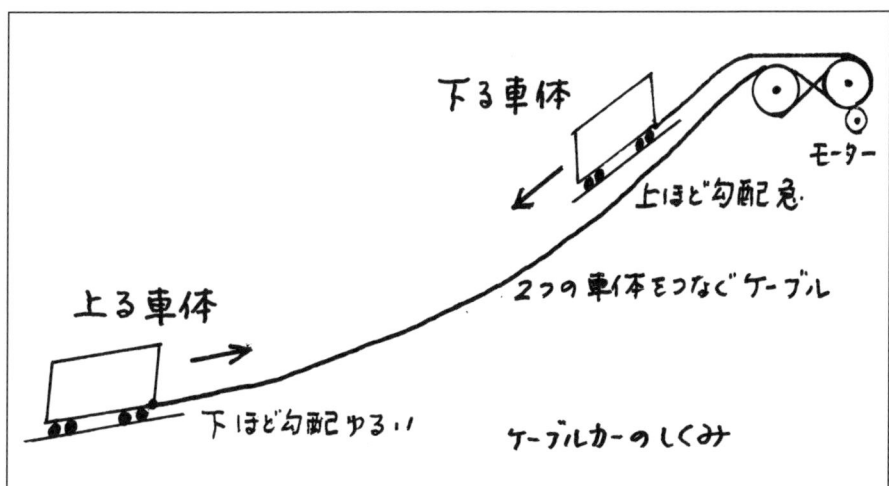

生徒の素朴な疑問に寄り添った指導の流れ

（1）1台と2台のときの引く力を比べる
　［必要なもの］
　　・スタンド　　　　　　　　　・おもり2つ
　　・滑車

［手順］

① 図1のように定滑車につけたおもり
をひも側を引いて持ち上げる。

② 図2のように定滑車の両側に同じ重
さのおもりをつけ，片方のおもりを
引いて，もう片方のおもりを持ち上
げる。このときの方が①より小さい
力で持ち上がることを確認する。

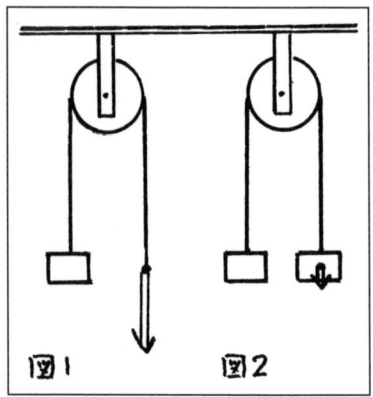

(2) 上の方の勾配がきつい方がよいことを作図で確かめる

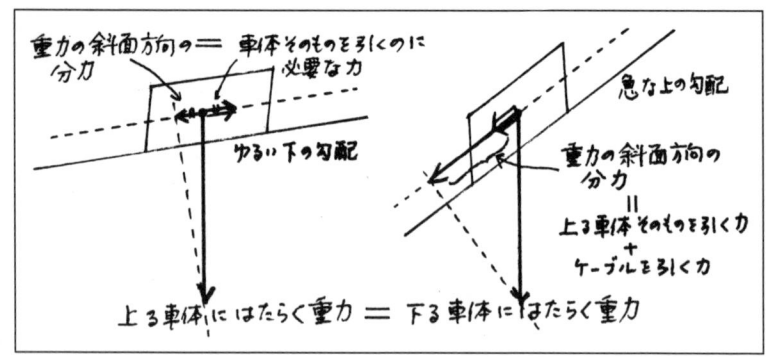

　このような簡単な実験や基本的な作図と実物を対応させていくことで，物
理的な内容に関心をもたせたい。

(3) 対話で生徒の素朴な疑問を解消する

生徒：おもりが2つで両側にある方が軽く引き上げられました。2つの
　　　おもりがつり合っていたからですね。

教師：ケーブルカーでは，重い車体を2台でつり合わせておけば，乗っ
　　　た人の分の重さだけで引き上げることができます。

生徒：なるほど，そうだったんですね。上の方の勾配をきつくしておけ
　　　ば，上の車体にかかる重力の斜面方向の力を大きくできます。下
　　　の勾配は，ゆるいので，車体にかかる重力の斜面方向の力は小さ
　　　い，その差を利用して，長くて重いケーブルを引き上げているの
　　　ですね。

教師：よくわかりましたね。この他に，おもりを使うことで必要な力を
　　　小さくしている乗り物があるけれどわかるかな。ビルにはたいが
　　　いあります。

生徒：もしかしてエレベーターですか。

教師：その通りです。エレベーターの中をのぞいたことはありますか。

生徒：はい，そういえば，おもりのようなものが動いていました。

教師：エレベーターによっては，扉がガラス張りで，中が見えるものも
　　　ありますよね。例えば，12階建てのビルの8階でエレベーターを
　　　待っているとして，下からエレベーターが上ってくるときは，お
　　　もりはどちらから来ますか。思い出してみてください。

生徒：たしか，上からおもりが下りてくると，しばらくして下からエレ
　　　ベーターが上ってきたように思います。

教師：その通りです。エレベーターも人
　　　が乗る「かご」と言われるものと
　　　おもりをつり合わせておいて，小
　　　さい力で動かせるようになってい
　　　ます。ケーブルカーと同じです。
　　　2つの重さをつり合わせることで

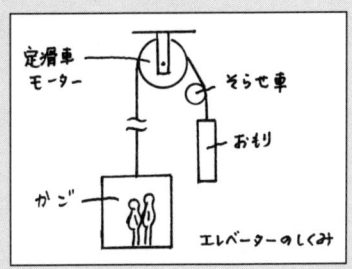

軽く動くものが他にもあるかもしれません。

生徒：そういえば，公園のシーソーも，同じくらいの体重の子が両側に
　　　乗ると軽く動いたな。

みんなが自由に電気を
使ったり止めたりしているけど大丈夫なの？

素朴な疑問の場面

教師：家庭や学校などのコンセントにつなぐ電気器具は全て並列つなぎ
　　　です。もし直列であればどれか１つを消したら全部消えてしまい
　　　ます。

　　　照明スイッチの１つを切っても全部が消えないことを確認する。

生徒：並列つなぎということは，電気器具の電圧は全て等しいのですか。
教師：その通りです。電圧は等しいですが，大きなはたらきをする電気
　　　器具ほどたくさんの電流が流れています。また，電気器具をたく
　　　さん使うほどたくさんの電流が必要になります。
生徒：いつ電気器具のスイッチを入れても必要なだけの電流が流れてく
　　　るけど，みんながたくさん使っても大丈夫なのかな？

　家庭でたくさんの電気器具を使うと，ブレーカーが落ちることがあります。
これは，その家庭の電気設備が安全に使える電流の量を超えないように電流
を切るようにしているのです。電流が足りなくなったわけではありません。
普段からたくさんの電流を使いたければ，電気設備を強化して，使える電流
値の変更をすることになります（基本料金や電気代の単価が上がります）。
　もし，必要なだけの電流が流れなくなったらどうなるのでしょうか。手回

し発電機のハンドルをプーリーに変えた発電機を使って水力発電のシミュレーションをすることで体験的に学ぶことができます。

生徒の素朴な疑問に寄り添った指導の流れ

(1) 水力発電のシミュレーション実験を行う

［必要なもの］

・プーリー付き発電機

・豆電球（3.8V，0.3A）2個

・クリップ付きコード
　（赤3本，黒4本）

・鉄製スタンド

・1L以上のペットボトル

・ペットボトルが入るレジ袋

・1mが測れるものさし等

・電流計，電圧計

・ストップウォッチ

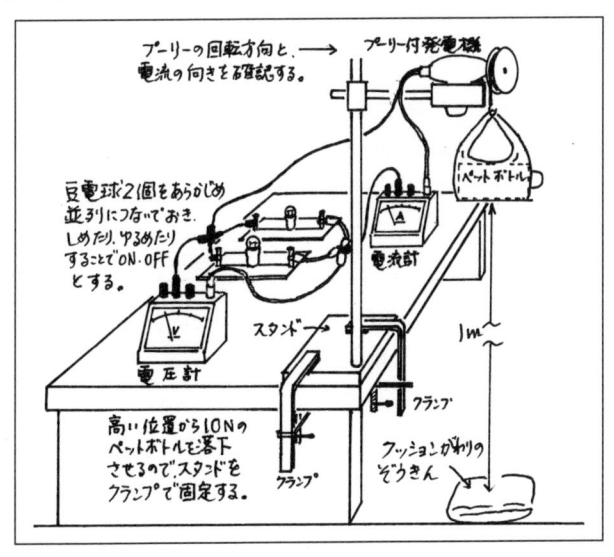

［手順］

① 図のように，鉄製スタンドにつけたプーリー付き発電機，豆電球2個並列，電流計，電圧計をつなぐ。

② ペットボトルに水を入れ，10N（水を1L弱入れた場合）の重さにして，レジ袋等に入れる。

③ 10Nにしたペットボトルをプーリー付き発電機に取り付け，1mの高さから落下させ，電圧，電流，落下時間を測定する。各数値や豆電球の明るさを記録する。

④ 上記のことを豆電球1個，2個並列，水の量を変えて，5Nでも行う。豆電球のオン，オフは，電球を締めたり緩めたりして行う。

[結果例]

10Nを1mの高さから落下　位置エネルギー10J					
豆電球	電圧(V)	電流(A)	時間(S)	抵抗(Ω)	電気エネルギー(J)	変換効率(%)
1個	5.0	0.34	2.6	14.7	4.4	44
2個並列	1.7	0.35	4.3	4.9	2.6	26

5Nを1mの高さから落下　位置エネルギー5J					
豆電球	電圧(V)	電流(A)	時間(S)	抵抗(Ω)	電気エネルギー(J)	変換効率(%)
1個	1.1	0.15	7.9	7.3	1.4	28
2個並列	0.2	0.14	12.9	1.4	0.36	7.2

(2) 対話で生徒の素朴な疑問を解消する

　この実験では，いろいろな電圧や電流の数値が出るので，このような電流回路の既習内容の復習ができます。10Jで豆電球1個のときは，調子よく発電機がまわり，明るく点灯します。このときの変換効率が最も高くなります。5Jで豆電球2個並列では，負荷が大きく，発電機の回転は非常に遅くなり，電流値が小さく豆電球はわずかにしか点灯しません。また，豆電球を2つとも緩めた状態で水が入ったペットボトルを落下させると発電機は高速で回転し，高い電圧が発生します。

教師：5Jで豆電球2個並列は，発電能力が低いのに需要が多い状態です。

生徒：もしそういうことが実際に起きたらどうなるのですか。

教師：停電してしまいます。需要の増加に発電が間に合わなくなって大停電が起きた地域もあります。

生徒：どうやって需要に対応して発電しているのですか。

教師：右のグラフは，1日の使用電力の変化です。気象状況や経済活動を予測して発電所に指示をして，発電量を調節しています。

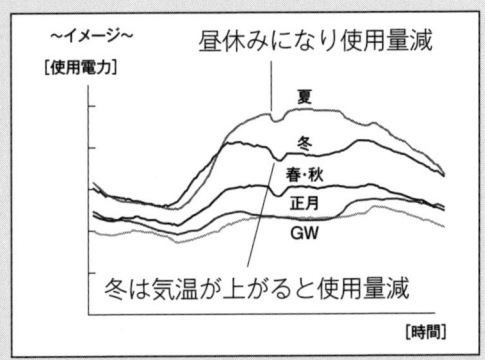

季節による電力使用量の変化
（出典：関西電力送配電ホームページ）

生徒：急に暑くなるとクーラーのスイッチをみんなが入れることも予想しているんだ。すごいですね。

教師：その指示を出している電力会社の中央制御所の様子の動画がありますから見てみましょう。

電力会社から出ている動画を見る。

生徒：すごいですね。みんながどう電気を使うかお見通しなんですね。

教師：この他にも，送電線を守る人や発電所の人などすごい人たちの活躍で電気の安定供給ができており，いつでも電気が使えるのです。

生活
学習
社会

原子力発電は安全なの？

素朴な疑問の場面

生徒：東日本大震災で原子力発電所が被害を受け，大きな事故を起こして以来，原子力発電はやめていくのだと思っていたら，このごろ，原子力発電所の再稼働とか耐用年数を伸ばしてもっと長く使おうというような報道を見ました。大丈夫なのでしょうか。

教師：原子力発電所の安全性について，様々な立場でいろいろな意見があります。まずは，その仕組みを調べて，知った上で，自分なりの判断をしてみたらどうですか。

生徒：なるほど。どうやって調べればよいですか。

教師：火力発電も原子力発電も，水を加熱して高圧の水蒸気をつくり，その水蒸気をたくさんの羽根がついたタービンにあてて高速で回転させ発電機を回しています。水を加熱するとき，火力発電では，石炭や石油，天然ガスを使いますが，原子力発電ではどんな燃料を使うのでしょうか。それから，高圧の水蒸気を使うものにはどのような仕組みがあるでしょうか。原子力発電の仕組みと比べてみてください。

生徒：わかりました。インターネットで検索してみます。

　　インターネットによる検索が普通になり便利になりました。調べ集めた資料から原子力発電について考えていきます。

生徒の素朴な疑問に寄り添った指導の流れ

（1）インターネットを利用して資料を集める

［原子力発電の燃料について］

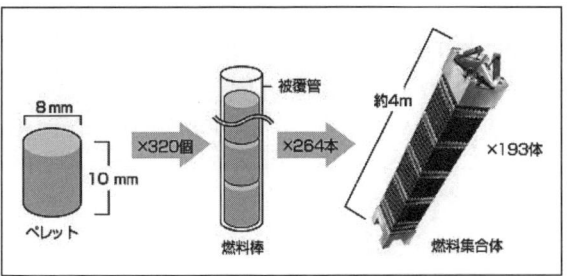

資料提供：関西電力株式会社

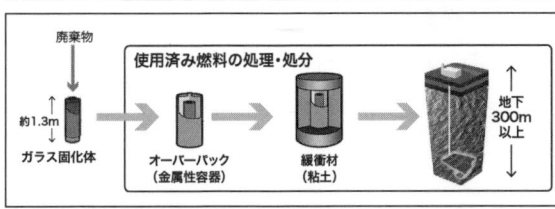

出典：
資源エネルギー庁ウェブサイト
(https://www.enecho.meti.go.jp/ab
out/pamphlet/energy2020/009/)

［原子力発電所の仕組み］

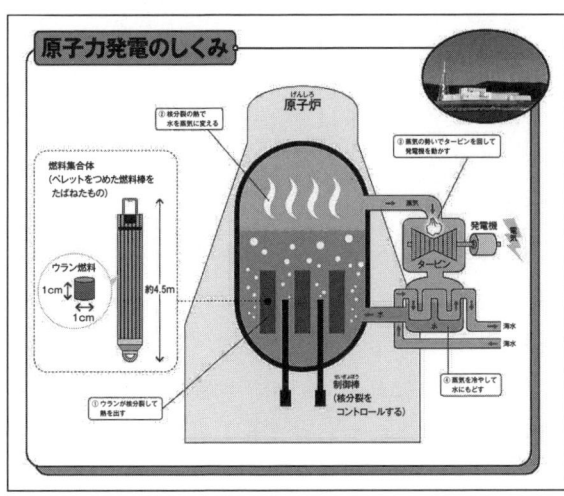

出典：
資源エネルギー庁ウェブサイト
東北電力株式会社
(https://www.enecho.meti.go.jp/
category/electricity_and_gas/nuc
lear/001/pamph/manga_denki/html/
006/)

[圧力のかかるものの例]

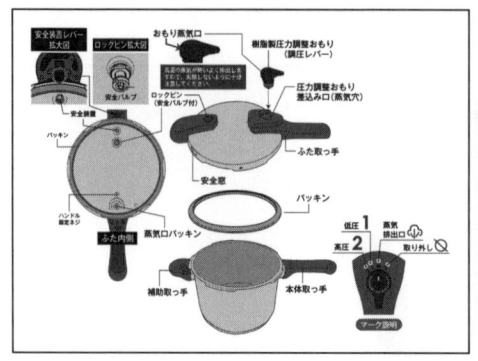

圧力なべの説明　出典：パール金属株式会社

蒸気機関車

(2) 対話で生徒の素朴な疑問を解消する

　原子力発電の最大のメリットは，少ない燃料から莫大なエネルギーを生み出せることです。デメリットとしては，廃棄物の問題です。また，高い圧力がかかる装置としてどうなのか考えていきます。

生徒：核燃料はすごいです。あんなに小さなペレットで一般家庭が半年に使う電気を発電できて，火力発電と比べて，およそ４万５千分の１から11万分の１の燃料で済むそうです。

教師：そうですか。私が子供のころ，将来は家庭用原子炉が販売されて，ほんの少しの燃料でエネルギーが賄えるようになると聞きましたが，２つで１年分ですね。それはいい。

生徒：でも，使用後が大変です。使用後はガラス原料とともにステンレス鋼製の容器に入れて冷やしてガラス固体化にするそうです。そして，地下深くに保存するそうです。核燃料サイクルで再処理しても有害度が天然ウラン並になるまで8000年かかるそうです。

教師：8000年…。人類が絶滅しているかもしれません。原子力発電を続

けるとそういうものが溜まっていくのですね。その他，低レベル放射性廃棄物といって原子炉内で使ったものを黄色いドラム缶に詰めて保管しているはずです。小さな燃料で莫大なエネルギーが出せますが，捨てられないものができるのが原子力発電です。

教師：発電の仕組みはどうなっていますか。

生徒：高い圧力の水蒸気ができる圧力なべと蒸気機関車と比べました。

教師：おもしろい組み合わせですね。規模がぜんぜん違う。

生徒：圧力なべと蒸気機関車には安全弁があります。中の圧力が高くなりすぎるとおもりが持ち上がったり，ばねが縮んだりして，自然に中の水蒸気が吐き出され，容器が破裂するのを防ぐようになっているのです。蒸気機関車の写真では，煙突ではないところから白い煙が上がっています。なんでかな，と思ったら安全弁でした。

教師：よく調べましね。では，原子力発電所はどうですか。

生徒：それが，原子力発電所の図では，安全弁が見つからないのです。資源エネルギー庁の図や，いろいろな原子力発電所から出ている発電所の仕組みの図にも安全弁はないのです。その代わり，放射線を漏らさないために何重もの壁で遮蔽しているという説明がありました。圧力なべや蒸気機関車でいえば，ものすごく丈夫な容器でできていて，水蒸気を漏らさないということになります。

教師：高度な技術で制御していて，危険な圧力にならないようにしているのでしょうね。でも，実は，安全弁はあるのです。専門的な仕組みの図を見ると「ベント」と書いてあります。でも，放射性物質を含んだ水蒸気が放出されるので簡単には開けられないと思います。それに，放射性物質を吸着するフィルターが必要になります。

生徒：原子力発電には宿命的なものを感じます。自分の地域に原子力発電所や廃棄物の保管施設があってもよいかで判断すべきですね。

飛行機の後ろの翼って何のためにあるの？

素朴な疑問の場面

生徒：親戚の家族が海外に移住することになりました。仲良くしていた
　　　人たちとなかなか会えなくなるので，空港へ見送りに行きました。

教師：世界中からやって来たたくさんの飛行機がいたでしょう。

生徒：はい，夜になると，後ろの垂直に立っている翼に光が当たって，
　　　いろいろな航空会社のマークがとてもきれいでした。弟たちは，
　　　「飛行機の看板だ」と言っていました。

教師：いやいや，それには翼としてのはたらきがあります。

生徒：胴体の真ん中についている大きな翼は，空気の中で，機体を浮か
　　　ばせるはたらきがあることは聞いたことがありますが，後ろの翼
　　　はなくても，空に浮かんでいられそうな気がします。

教師：大きな翼は主翼と言います。後ろの翼は，水平方向の水平尾翼と
　　　垂直方向の垂直尾翼です。看板みたいと思ったのは垂直尾翼です。

生徒：別に後ろになくてもよい気がします。後ろに大きくて重い翼をつ
　　　けたら，後ろが重くて尻もちをつきそうです。

教師：でも，垂直尾翼は後ろがいいのです。その分，機体の後ろを狭く
　　　しています。では，実験をして，垂直尾翼のはたらきを調べてみ
　　　ましょう。

生徒：えーっ。飛行機の実験ですか。すごいですね。

飛行機は，主翼の他に，尾翼がないと安定して飛行できません。また，尾翼は，機体のできるだけ後ろにある方が有利です。そのことを簡単な実験で確かめます。

素朴な疑問に寄り添った指導の流れ

(1) 飛行機のモデル実験を行う

　[必要なもの]

　・扇風機　　　　　　　　　・やや厚みのある紙
　・ストロー2本　　　　　　・セロハンテープ
　・楊枝

　[手順]

① ストローの両側の穴をセロハンテープでふさぐ。

② ストローの中心（重心）に楊枝を通して，もう1つのストローに入れて，楊枝を通したストローがぐるぐる回転するようにする。

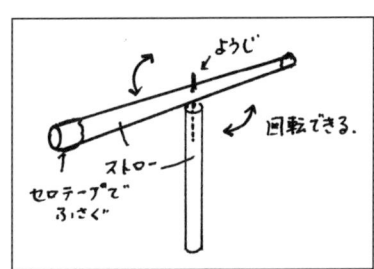

③ ストローがぐるぐる回転するようになったものを扇風機の風に当てて，ストローがどのような動きをするか観察する。

④ やや厚い紙を2cm×3cm程度に切り，セロハンテープでぐるぐる回るストローのいろいろな位置にとりつけ風を当てる。どの位置に紙を取り付けたときが風を受けてもストローが安定して風と平行な方向になるか調べる。

(2) 対話で生徒の素朴な疑問を解消する

　ストローだけでは，風の中で安定せず，ぐるぐる回ってしまったり，ふら

ふらしながら風に対して斜めの位置になってしまいます。ストローの後部に紙きれをつけるだけで，風に向かう位置に安定します。これが垂直尾翼のはたらきです。後部がよいのは，いわゆる「てこの原理」です。これらのことから，飛行機を安定して飛行させる翼のはたらきを説明していきます。

生徒：飛行機の実験にしてはずいぶん簡単でした。ストローだけでは，図1のように，ふらふらしながら風に対して斜めの位置になることは意外でした。

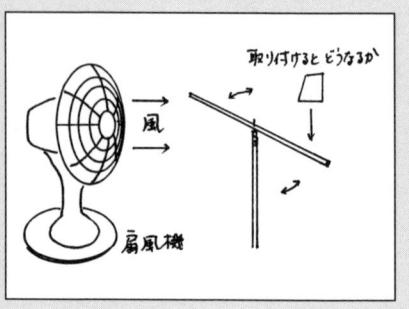

図1

教師：この実験では，重心位置で楊枝を刺してもう1本のストローで支えているのは，機体を空気の中で浮かせる主翼のはたらきをしています。そして，紙きれが垂直尾翼のはたらきです。

生徒：垂直尾翼がつくとストローは，図2のように風の向きにまっすぐになりました。紙きれを真ん中のあたりにつけても効果はありませんでした。ふらふら

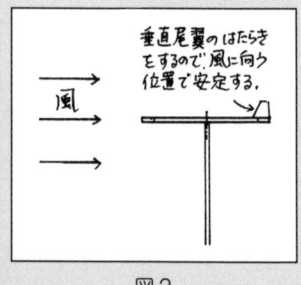

図2

するのを止めるのには，てこの原理で，後ろの方がよいです。

教師：その通りです。より安定させるには垂直尾翼は大きい方がよいのですが，重くなってしまいます。そこで，機体の大きさに合わせて設計しています。図3は現在最大の旅客機A380です。全長が72.7mあり，大きな垂直尾翼がついています。図4は1950年ごろの花形旅客機のコンステレーションです。全長は37.5mです。このようなプロペラ機で太平洋を越えていました。こちらの垂直尾

翼はかなり小さいです。格納庫のサイズも考えあまり高くできなかったそうです。その分，3枚つけています。枚数を増やすことで，機体を安定さ

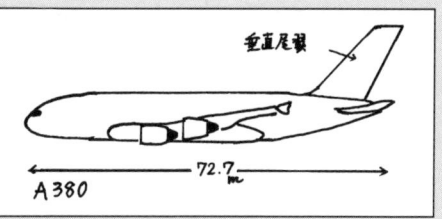

図3

せるのに必要な垂直尾翼の面積を確保しています。それから，両方の飛行機とも後ろの方が狭くなっています。

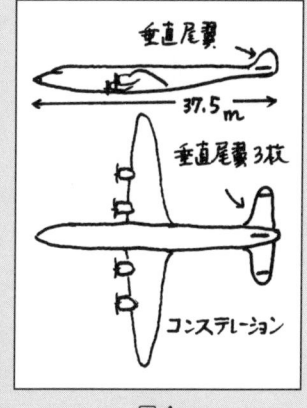

図4

生徒：もし，飛行中に垂直尾翼がなくなったらどうなるのですか。

教師：実際にそういう事故は起きています。高い空を飛ぶ飛行機は，気体内部の空気の圧力を地上に近くするために与圧しており，機体の外板には力がかかっています。日本では，機体の後方に亀裂があったため圧力に耐えきれず飛行中，機体の後部が破裂してしまった飛行機がありました。その衝撃で垂直尾翼の多くの部分を失い，30分以上ふらふらと飛行を続けたものの，制御不能になり山に激突しました。

生徒：恐ろしい話ですね。

教師：垂直尾翼は左右方向の安定性，水平尾翼は上下方向の安定性を保つはたらきをしています。それぞれの翼の一部は，動くようになっていて，垂直尾翼の後ろを動かすと左右方向の向きを，水平尾翼の後ろを動かすと上下方向の向きを変えられます。主翼に比べれば小さい尾翼ですが，大切なはたらきをしているのです。

生活

学習

社会

自分の星座はいつ見ることができるの？

素朴な疑問の場面

生徒：もうすぐ天文の授業が始まるので，教科書を見ていたら星占いの
　　　星座が載っていました。

教師：それは，黄道12星座のことですね。

生徒：私は，1月6日生まれです。12月22日から1月19日生まれはやぎ
　　　座です。でも，やぎ座は，2月と書いてありました。

教師：黄道12星座の月と星占いの月は1ヶ月ほどずれています。

生徒：確かに他の星座を見てもそうなっています。そもそも黄道12星座
　　　って何ですか。

教師：その月に太陽の方向にある星座です。地球から見た太陽の通り道
　　　を黄道と言います。その黄道の方向にいるので黄道12星座と言い
　　　ます。そのため，自分の誕生日に自分の星はまず見えません。

生徒：それでは，やぎ座は，いつ見えるのですか。

教師：6ヶ月後の8月には，夕方，東の空から昇り，ほぼ一晩中見るこ
　　　とができます。

生徒：ややこしいですね。自分の誕生月に1足して，さらに6足すと見
　　　える時期になるのですね。

教師：前後の月でも時間や方角によっては見えます。

生徒：それはますますややこしいです。

黄道12星座は，自分の星座があるので，興味をもつところです。しかし，自分の誕生日と約１ヶ月ずれていることや，見えるのは，さらに６ヶ月後ということになると「わけのわからないもの」になってしまい，興味を失ってしまいます。せっかくの興味を生かして宇宙の中での，太陽，地球の位置関係がわかるようにしたいものです。

生徒の素朴な疑問に寄り添った指導の流れ

(1) 星座早見で自分の星座が見える時期を調べる

［必要なもの］
・星座早見

［手順］

① 星座早見を用意する（キットを組み立ててもよい）。

② 星座早見で自分の星座を探し，真南の位置に合わせる。

③ ②に該当する真夜中の０時のときの日付と昼の０時のときの日付を調べる。

④ 星座早見の窓の部分ぎりぎりの位置に自分の星座を移動させ，日の出の時間や日没の時間から見えそうな時期を調べる。

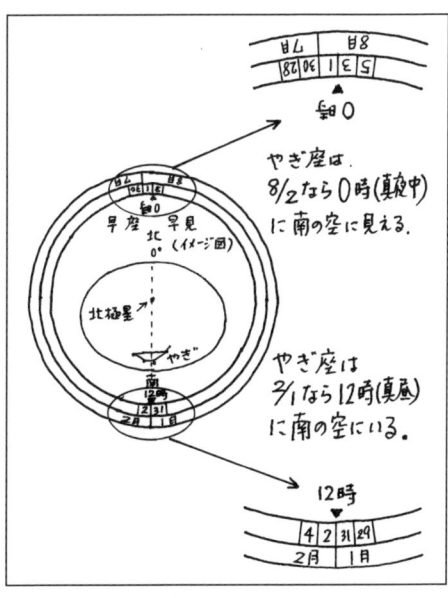

星座早見の使い方

(2) 対話で生徒の素朴な疑問を解消する

　自分の星座の見え方と関連させて，宇宙と太陽，地球の位置関係を理解するのが目的です。星座早見では，天動説的な見方です。これを地動説的な見方で考えられるようにしたいです。

生徒：自分の星座は，1ヶ月後の誕生日には，昼，南の空にいるのですね。太陽の光が明るくて見えないということですね。

教師：その通りです。12星座の月は，その月に太陽の方向にいるという意味です。昔の人は，天動説といって宇宙の方が動いていると思っていたので，その月に太陽の方向にいる星座を当番のようにその月の星座にしたのです。

生徒：昔の人と言いますが，星座はどのくらい前からあったのですか。

教師：紀元前6～7世紀ごろからだそうで，紀元2世紀には現在につながる星座が設定されました。詳しいことは，調べてみてください。

生徒：そんなに大昔なのですね。では，なぜ，誕生月と星座は約1ヶ月のずれがあるのですか。

教師：星座の設定をしてから約2000年間の間での地球の動きのずれによってこのずれが生じたのです。

生徒：悠久の時の流れを感じます。

教師：それから，星座は，空の中での方角を表すものでもあるのです。

生徒：方角と言えば「東西南北」ですよね。太陽は，東から昇り，南の空を通り，西に沈む…。

教師：確かにその通りです。ところで，太陽は動いているのですか。

生徒：いやいや，動いていません。動いているのは地球の方です。太陽は，いつも同じ場所にいます。

教師：そうですよね。ということは，朝は，太陽の方向を東として，昼は南として，夕方は西としていることになります。そして，次の

日の朝は，また東になります。

生徒：ということは，1日で「東西南北」が1周しているのですね。

教師：その通りです。ですから，「東西南北」はあくまでも地球上でのことで，広い宇宙の方向を表すことはできません。ですから星座の位置を利用するのです。特に黄道12星座は基本的な方向です。

生徒：そういえば，「何々座の方向に流星が見える」というのを聞いたことがあります。

教師：太陽と地球を見下ろすように表現したのが下の図です。宇宙は，もちろん立体です。この図は，太陽から見て地球が公転しているところ（公転面）を表しています。

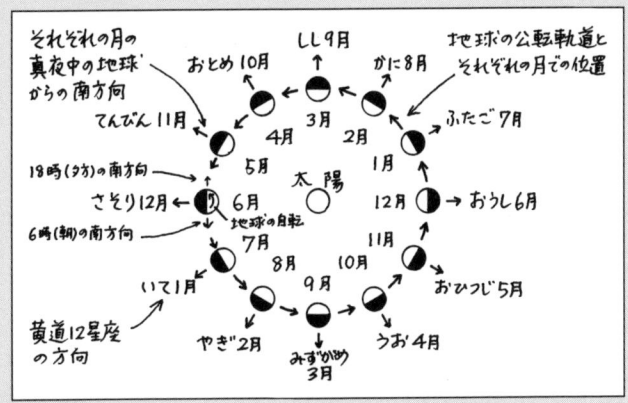

太陽が中心にあり，各月の地球の位置，黄道12星座がある図

生徒：広い宇宙を，地球が公転している面で，すぱっとスライスしたのですね。すごい図だ。この図を見ると，自分の星座が誕生月の次の月に太陽の方向にいて見えないことがわかります。また，宇宙の方向を示すこともわかります。

教師：さらに，見える時間と，地球からの方角もわかります。いろいろな見方をしてみてください。

月の満ち欠けの周期とカレンダーは関係あるの？

素朴な疑問の場面

生徒：１ヶ月とか何月と言うときの月は，お空の月のことですよね。

教師：そうです。月の満ち欠けの変化を見て昔の人は月日の経過を知ったのでしょう。

生徒：１ヶ月というのは，月の満ち欠けの１周期のことですよね。

教師：昔はそうでしたが，今は太陽が基準です。

生徒：太陽は形が変わらないし，仮に変わってもまぶしくてわかりません。月の方がわかりやすいと思います。どうして月を基準にするのをやめたのですか。

教師：地球が太陽の周りを１周するのが１年，365日です。地球の公転周期です。ただ，これもぴったりではないので，４年に１度，366日の年をつくって調整していることは知っているよね。

生徒：閏年（うるう年）ですね。

教師：月を基準にするともっとややこしくなります。月の満ち欠けの周期は，約29.5日です。でも地球の周りを公転する公転周期は約27.3日です。

生徒：29.5日を12ヶ月とすると１年が354日になってしまいます。それにどうして，月の満ち欠けの周期と公転周期が違うのですか。

教師：では，太陽，地球，月の位置関係を考えてみましょう。

月を暦の基準にすることは，世界の多くの地域で行われてきました。まず，月の満ち欠けの周期を確認して，その周期で暦をつくるとしたらどうしたらよいか考えます。また，月の満ち欠けの周期と公転周期の違いを太陽，地球，月の位置関係で説明していきます。

生徒の素朴な疑問に寄り添った指導の流れ

（1）月の満ち欠けの周期を調べる

［必要なもの］

・月の満ち欠けカレンダー

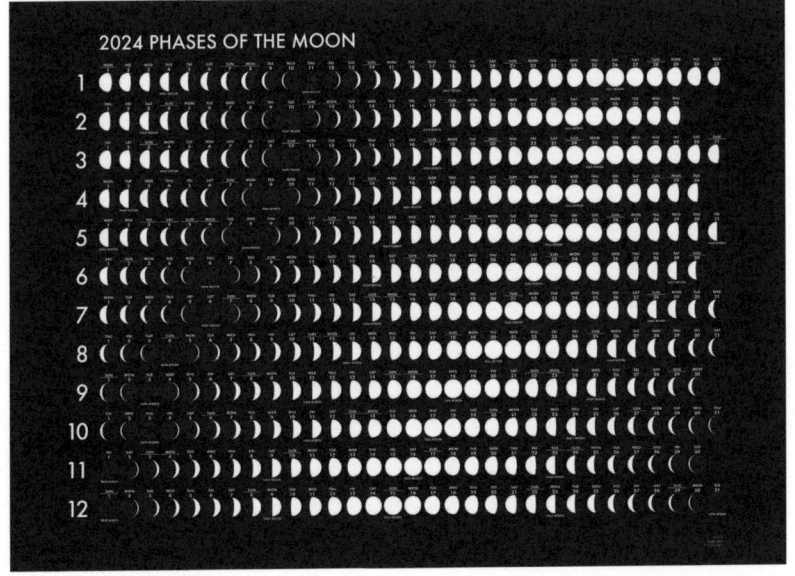

［手順］

① カレンダーの新月の日付に注目する。

② 新月と新月の間の日数を調べる。

(2) 対話で生徒の素朴な疑問を解消する

　月の満ち欠けカレンダーから，月の満ち欠けの周期が29.5日になることがわかります。もし，これを１ヶ月の基準にすると，29日の月と30日の月を交互にすることになります。それでは足りない日数をどのように調整していたか，そしていつ現在の暦にしたかを歴史的経緯も含めて説明します。また，太陽，地球，月の位置関係では，地球と月の両方が動いていることで，満ち欠けと公転の周期が違うことを説明していきます。

生徒：満ち欠けの周期は，29.5日です。満ち欠けカレンダーでは，新月と新月の間が29日の場合と30日の場合が交互にありました。月を基準にした暦は，29日の月と30日の月が交互に来ていたのですね。

教師：その通りです。でもそれですと，１年が354日になってしまうので365－354＝11で11日足りません。そこで，３年に１度，13月がある年があったのです。

生徒：えっ！　13月ですか。

教師：この月を閏月（うるうつき）と言い，閏月のある年が閏年だったのです。

生徒：それで，いつ今の暦に変えたのですか。

教師：明治６年１月１日からです。この日は今までの暦では，明治５年12月３日に当たります。明治５年の12月は１日と２日の２日間しかありませんでした。明治になって開国して，月を基準にした太陰暦から世界の基準になっていた太陽を基準にした太陽暦（グレゴリオ暦）に合わさなくてはいけなくなったのは当然ですが，このときに改暦したのは，別の理由もあります。それまでの暦では，次の年の明治６年は，閏年で，13ヶ月あることになっていました。このころ，明治政府は，財政難でした。公務員の給料は月払いです。１ヶ月なくなれば，１ヶ月分の給料は支払われないことにな

ります。改暦をすることが財政難の改善に少しでも貢献すること
になったのです（諸説あり）。

生徒：そんなことがあったのですね。まだ12月が始まったばかりなのに，
突然お正月になった年があったというのは本当に驚きです。それ
から，月の満ち欠けの周期と公転周期の違いは，どうしてですか。

教師：そうでしたね。下の図のように，新月の位置から月の立場で地球
のまわりを1周（1回公転）するとアの位置になります。しかし，
地球が動いているので，この位置では新月になりません。もう少
し（2日分）動くとイの位置になり，この位置で新月になります。

生徒：天文の学習は，星の名前をたくさん覚えることだと思っていまし
たが，数学や歴史まで含まれるのですね。

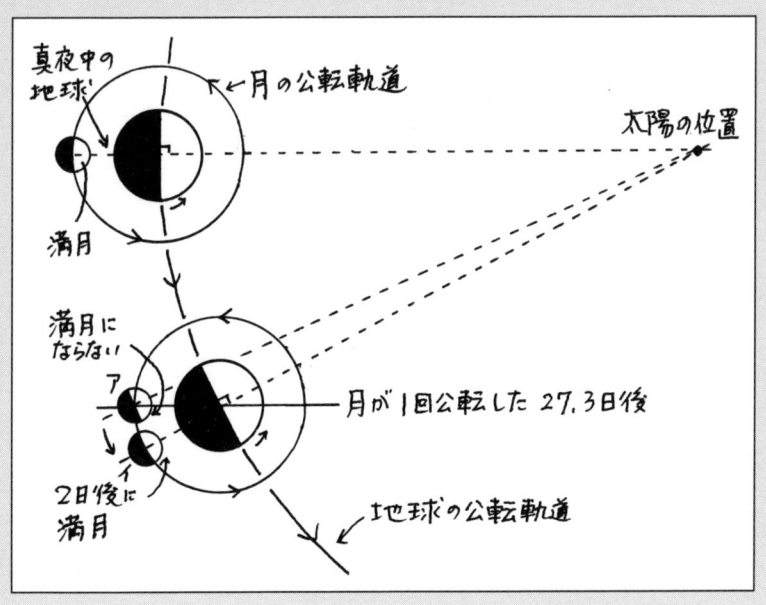

生活
学習
社会

熱帯地方で夕日を見るなら何時？

素朴な疑問の場面

生徒：赤道付近のサンゴ礁の島々の写真を見ました。美しいです。行ってみたいな。赤道付近だからいつ行っても夏ですよね。

教師：確かに「常夏の島」と言います。常夏とはいえ，季節の変化があるらしいですよ。

生徒：日本では，夏は，昼の長さが長いです。夏至の日は，午後７時ぐらいになっても明るいです。北の方の地域に行くと，日本が夏至の日は，１日中太陽が沈まないそうですね。

教師：その通りです。沈みそうで沈まない太陽を見る展望台のようなところもあるそうです。

生徒：南の島なら，サンゴ礁の海に沈む太陽を見たいです。日本の夏至のころに行ったら，何時ごろ見えるのかな。きっと夕日が見える素敵なレストランとかあるのかな。大人になったら素敵な人と行きたいです。

教師：何時に予約しますか。

生徒：日本が夏至の日が午後７時ごろまで明るいから・・・。

教師：ちなみに赤道直下では，昼と夜の長さは１年中同じで12時間ずつです。

生徒：えーっ。詳しく教えてください。

日本が夏至のとき，北緯66度33分では，太陽が沈まず，これより高緯度の地域では，太陽が沈まない日が続き，冬は，太陽が出ない日が続きます。このことはよく知られていますが，赤道付近の方のグアム，サイパンなどは，行きやすい海外の観光地であるわりには，これらの赤道付近での，日照時間はあまり知られていないように思います。ここでは，透明半球での太陽のコースの観察記録を基に様々な地域での太陽のコースを考えていきます。

生徒の素朴な疑問に寄り添った指導の流れ

(1) 太陽のコースを観察する

［必要なもの］

・透明半球　　　　　　　　・トレイシングペーパー

・方位磁針　　　　　　　　・透明半球用分度器

・厚紙

［手順］

① 透明半球上に一定時間ごと点をとり，その点を結ぶことでその日の太陽のコースを推定した線をマジックで記入する。

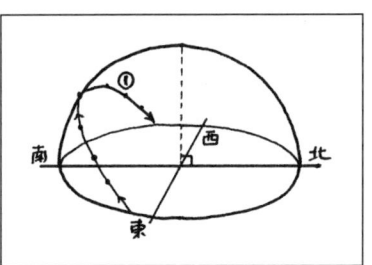

② 透明半球上の観測した太陽のコースと平行になるように真東から真西までマジックで線を引く。…春分・秋分の日の太陽のコース

③ 透明半球用分度器を使い，春分・秋分の日の南中高度を測定する。

④ （90°－春分・秋分の日の南中高度）＝観測地の緯度になる。

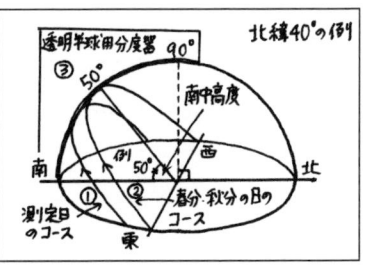

⑤ このことから緯度0°（赤道直下）での春分・秋分の日の太陽高度は90°になる。

⑥ マジックの色を変えて，真東から南中高度90°＝天頂を通過し，真西までの線を書く。…赤道直下での春分・秋分の日の太陽のコース

⑦ 赤道直下での春分・秋分の日の太陽のコース上を帯び状に切ったトレーシングペーパーに写し，北よりや南よりに平行移動させる。

⑧ それぞれの日の太陽のコース（実線）を延長して地球の裏側の地域での太陽のコース（点線）を推定すると，どの日でも実線と点線の長さが等しくなることを確認する。

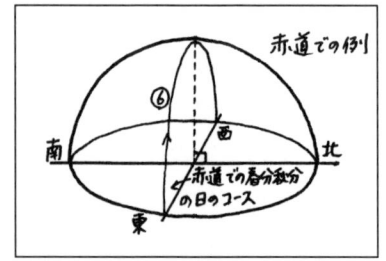

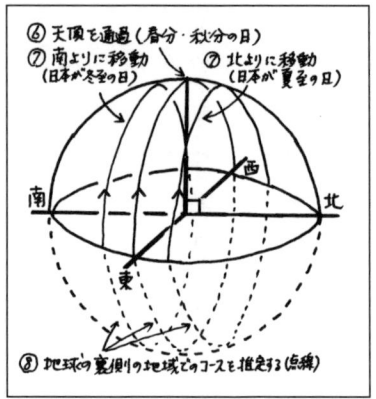

(2) 対話で生徒の素朴な疑問を解消する

　このような観測結果から推定したことで，赤道直下の地域では，昼と夜の長さが1年中12時間ずつなので日本の夏至の日では，日本より昼が短いことに気付かせるようにします。

生徒：透明半球上に太陽のコースを書くと，日本が夏至や冬至の日のコースが短いです。いつも昼の長さが同じで，日の出が午前6時，日の入りが午後6時と考えると，日本が夏至の日に赤道付近に行って夕日を見るのは，午後5時ごろでしょうか。

教師：日本が夏至のとき，日の出は遅く，日の入りは早いのです。

生徒：午後7時に行ったら真っ暗ですね。

教師：そうです。ですから，赤道直下の地域では，松明を囲んで，夜に楽しむような文化がいろいろあるのかもしれません。

生徒：では，北極や南極に近い地域はどうなるのですか。

教師：北緯66度33分以北，南緯66度33分以南の地域を北極圏，南極圏と言います。北極圏上では，夏至の日に太陽が沈まず，冬至の日には，太陽が出ません（南極圏はその逆）。また，これ以上に北や南の地域では，1日中太陽が沈まない日や太陽が出ない日が続きます。北欧と言われるヨーロッパの北の方の地域は，北極圏付近になります。

生徒：北欧の地域というと，夜は暖炉を囲んで読書をしているイメージがあります。

教師：そうですね。北欧の地域の人たちの蔵書数は，他の地域より多いそうです。また，ブロックや積み木など，室内で遊ぶものが充実しているのも夜が長いことと関係がありそうです。

生徒：正反対とも言える北極圏と赤道直下の地域で夜を楽しむ文化があるのはおもしろいですね。

教師：それから夕日の時刻ですが，国や地域によって時差や夏時間・冬時間の設定がありますから，その地域の時刻が太陽の動き上の時刻と必ずしも一致していないので気を付けてください。

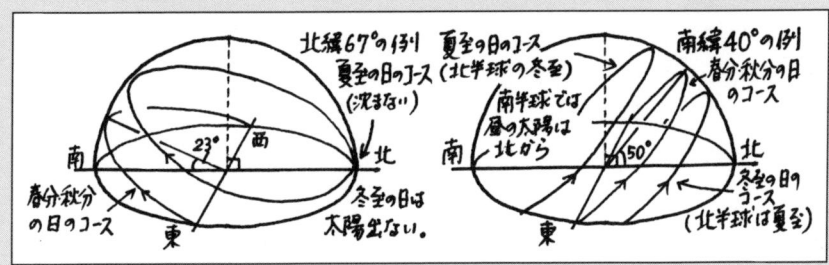

どうして潮の満ち引きが起きるの？

素朴な疑問の場面

生徒：海に行ってきました。海岸の遊歩道から砂浜が広がっていて，かなり歩くと，波打ち際になりました。波打ち際から少し離れた場所にサンダルを置いて裸足になって遊びました。膝ぐらいまで水に浸かって，波が来た！　と言って何度も往復しました。

教師：それは楽しそうですね。

生徒：ところが，だんだん深くなってきて，上の方まで濡れてしまいました。もう少しでサンダルが流されるところでした。

教師：潮が満ちてきたのですね。

生徒：その後，遊歩道まで裸足で歩いて，足を乾かして砂を落としました。そこの階段でお弁当を食べたり，おしゃべりをしたりしていたら，さっきよりずいぶん波打ち際が近づいているのでびっくりしました。私たちがサンダルを置いていた場所は，もう完全に海になっていました。

教師：よい経験をしましたね。

生徒：どうして潮の満ち引きが起こるのですか。

教師：それは，月や太陽が海水を引っ張っているのです。

生徒：えーっ！

教師：それでは，潮の満ち引きと月の動きを調べてみましょう。

　潮の満ち引きがあることは海に行けばわかります。潮干狩りができるのは，潮が引いている時間帯です。月の満ち欠けについては，中学校３年生の内容ですが，潮の満ち引きは，このことに関連して起きます。潮の満ち引きの様子から月の満ち欠けがわかるようになるのもおもしろいと思います。

生徒の素朴な疑問に寄り添った指導の流れ

（1）月の満ち欠けと潮の満ち引きの関係を調べる

［必要なもの］

・潮位表（例は那覇）

年/月/日（曜日）	満潮								干潮							
	時刻	潮位	時刻	潮位	時刻	潮位	時刻	潮位	時刻	潮位	時刻	潮位	時刻	潮位	時刻	潮位
2023/05/01(月)	4:51	160	16:47	154	*	*	*	*	10:59	78	22:57	54	*	*	*	*
2023/05/02(火)	5:18	171	17:31	167	*	*	*	*	11:31	60	23:34	51	*	*	*	*
2023/05/03(水)	5:43	181	18:10	179	*	*	*	*	12:01	43	*	*	*	*	*	*
2023/05/04(木)	6:08	190	18:48	187	*	*	*	*	0:08	51	12:31	26	*	*	*	*
2023/05/05(金)	6:35	197	19:27	192	*	*	*	*	0:40	53	13:03	12	*	*	*	*
2023/05/06(土)●	7:03	202	20:06	193	*	*	*	*	1:13	58	13:37	1	*	*	*	*
2023/05/07(日)	7:33	203	20:48	189	*	*	*	*	1:47	65	14:13	-4	*	*	*	*
2023/05/08(月)	8:06	202	21:34	181	*	*	*	*	2:22	74	14:53	-3	*	*	*	*
2023/05/09(火)	8:43	196	22:26	171	*	*	*	*	3:00	84	15:38	4	*	*	*	*
2023/05/10(水)	9:26	187	23:29	161	*	*	*	*	3:44	95	16:30	15	*	*	*	*
2023/05/11(木)	10:18	175	*	*	*	*	*	*	4:41	105	17:34	29	*	*	*	*
2023/05/12(金)◐	0:47	156	11:31	162	*	*	*	*	6:04	110	18:51	41	*	*	*	*
2023/05/13(土)	2:09	158	13:10	155	*	*	*	*	7:46	105	20:14	48	*	*	*	*
2023/05/14(日)	3:15	166	14:50	158	*	*	*	*	9:11	89	21:27	51	*	*	*	*
2023/05/15(月)	4:04	176	16:09	168	*	*	*	*	10:13	69	22:26	53	*	*	*	*
2023/05/16(火)	4:45	187	17:10	178	*	*	*	*	11:02	48	23:14	56	*	*	*	*
2023/05/17(水)	5:21	195	18:02	186	*	*	*	*	11:45	29	23:56	62	*	*	*	*

出典：気象庁「潮位表」（https://www.data.jma.go.jp/gmd/kaiyou/db/tide/suisan/index.php）

［手順］

① 海上保安庁や気象庁などから潮位表を入手する。

② 新月●，半月◐，満月○，半月◑のときの満潮，干潮の潮高差を調べる。

③ 月の満ち欠けとの関係を見出す。

[結果例]

		満潮潮位（cm）	干潮潮位（cm）	潮位差（cm）
5/6	●	202	1	201
5/12	◐	162	41	121
5/20	○	203	2	201
5/28	◑	152	72	80

(2) 対話で生徒の素朴な疑問を解消する

　潮位表から，潮位の差が小さいのは半月の日で，差が大きいのは満月や新月の日であることがわかります。また，満潮と干潮が1日に2回あります。このことを地球と月の位置関係と関連させていきます。

生徒：満月の日の潮位差は2m以上もあります。背の高さより大きいです。どうしてこんな差が出るのですか。

教師：月は地球のまわりを約1ヶ月かけて公転して自転していますが，1日では，同じ位置にいるとします。図1のように，月の前を通過するとき月の引力の影響で，海面が引かれるので満潮になります。そのときの地球の反対側

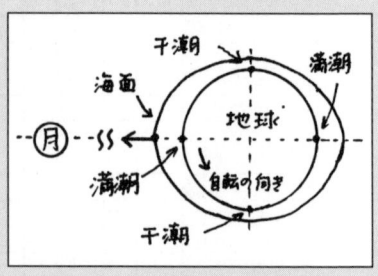

図1

の地域も満潮になります。その中間の地域が干潮です。

生徒：なるほど。だから，満潮と干潮が1日に2回ずつあるのですね。たしかに，潮位表でも満潮と干潮の間は約6時間，次の満潮までは約12時間，そして次の干潮までも約12時間になっています。

教師：太陽の引力も影響します。太陽，地球，月の位置関係により，図2の左上の位置が新月，右上の位置が上弦の半月，右下の位置が

満月，左下の位置が下弦の半月の位置です。

生徒：はい，このことと，太陽の引力がどう関係するのですか。

教師：左上の新月の位置では，太陽と月が一列に並ぶので，太陽と月の引力の合力により海面を引く力が大きくなります。右下の満月の位置では，太陽と月が地球をはさんで一列に並び，両方向から引力がはたらきます。そのため，新月や満月の日は，潮位差が大きくなります。一方，右上や左下の半月の位置では，太陽と月が垂直方向の関係のため，満潮の地域には，月の引力，干潮の地域には，太陽の引力がはたらき，潮位差が小さくなります。潮位差が大きいときを大潮，小さいときを小潮と言います。

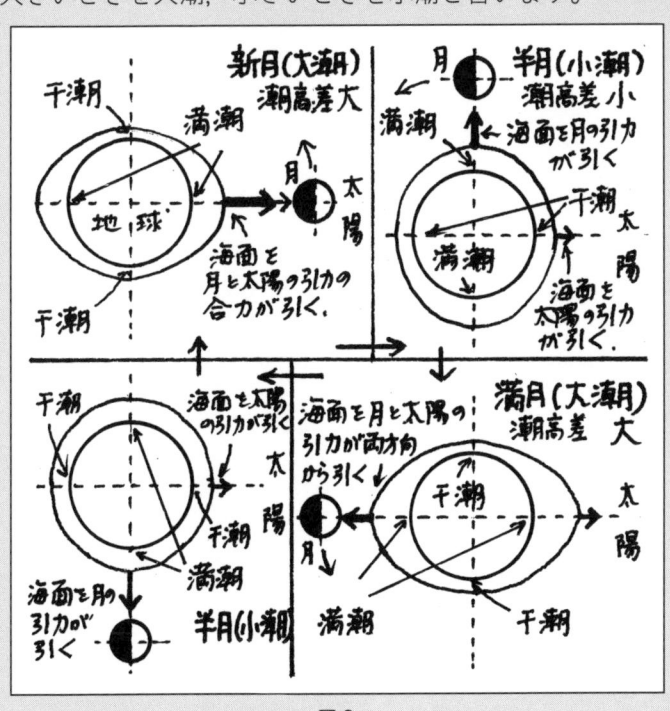

図2

生徒：そうでしたか。月の満ち欠けと一緒に潮位のことも学べるのですね。

教師：そうですね。潮位により，海流が変わり，魚の動きが変わるので，漁業には重要です。また，大きな船は，満潮時に通過できても，干潮時では座礁していまいます。海水浴では図3のようになりますね。

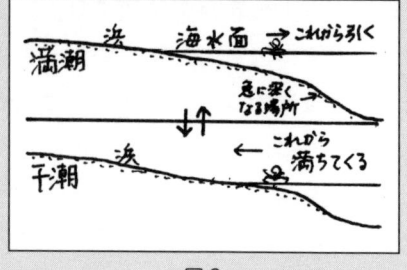

図3

生徒：そうですね。海に行くときは，潮位を調べてからですね。

おわりに

　私たちの命を守り，豊かで楽しい生活のために科学はあります。しかし，科学がそれ以外の目的のために利用されたり，科学よりも勢いや勇ましい言葉，そして，一部の人たちだけの利益が優先されたりすると命や生活が奪われるようなことが起きます。今も苦しんでいる人たちがいます。

　義務教育の理科は，全ての人たちに共通して理解してもらいたい自然科学の内容です。本書は，その理科の中では，自分たちの素朴な疑問をあきらめないで科学的に考えて，賢明な判断ができるようになってもらいたい，という願いをこめています。理科教育に携わる私たちの地道な取り組みが平和で安定した世界の実現につながるのだと考えています。

　私は，東京創造理科同人という研究会に所属しています。本書の戦後教育からの経緯の項については，同会が1994年に会員の配付した「30年のあゆみ」という記念誌に掲載の元東京理科大学講師故武田一美先生がまとめられたものを一部引用しています。現在の理科教育は，諸先輩たちの成果が基にあることを忘れてはいけません。また，明治図書の江﨑夏生様には，私の稚拙な文やデータの修正・確認を丁寧に行っていただき感謝いたしております。そして，なにより，私に様々な素朴な疑問を投げかけてくれた生徒のみなさんが本書を書く原動力でした。ありがとう。

　理科教育にまつわるいろいろな言葉がありますが，「生徒の素朴な疑問に寄り添う」という基本的なことを多くの理科教育に携わる方々が再認識され，生徒にとってより楽しい授業がたくさん生まれることに本書が貢献できればたいへんうれしいです。

2023年8月　　　　　　　　　　　　　　　　　　　　　大久保　秀樹

【著者紹介】
大久保　秀樹（おおくぼ　ひでき）

昭和39年（1964年）生
世田谷区立砧南中学校主幹教諭
埼玉大学教育学部卒業，現職で兵庫教育大
学大学院にて派遣研修を行う。修士（教育
学）を取得。水泳部の顧問であり，オープ
ンウォーター競技（海を泳ぐレース）大会
に出場する水泳の競技者でもある。その他，
鉄道を中心とする模型づくりや乗り物に関する文化に関心があ
る。

中学校理科サポートBOOKS

生徒の素朴な疑問から始まる！
中学校理科のおもしろ授業

2023年10月初版第1刷刊　Ⓒ著　者　大　久　保　秀　樹
　　　　　　　　　　　発行者　藤　原　光　政
　　　　　　　　　　　発行所　明治図書出版株式会社
　　　　　　　　　　　　　　　http://www.meijitosho.co.jp
　　　　　　　　　　　　　　　　　　（企画・校正）江﨑夏生
　　　　　　　　　　　　　〒114-0023　東京都北区滝野川7-46-1
　　　　　　　　　　　　　振替00160-5-151318　電話03(5907)6701
　　　　　　　　　　　　　　　ご注文窓口　電話03(5907)6668
＊検印省略　　　　　　組版所　日本ハイコム株式会社

Printed in Japan　　　　　ISBN978-4-18-359020-6
もれなくクーポンがもらえる！読者アンケートはこちらから